はじめに

すべては、ネーミングで動いている

一体ぜんたい、この世の中にはネーミングと名のつく（なんだかへんな言いようですが）モノは、どのくらいあるのでしょうか。

ネーミングと言えば商品名、商品と言えばデパートが連想ゲームのように頭に浮かんできます。「百貨店」と言うくらいだから、あそこにはほとんどの商品があるに違いない。お米と棺桶くらいしか売っていないものはない、とかつて聞いていました。

いや、最近は越中ふんどしは置いていないと聞いたし、電気器具売り場、家具売り場を廃止したところもあるし、どのデパートもブランドショップに占拠されてきたから、事情は多少変わったかもしれません。しかしまあ、ともかくとりあえず、手近なところでS百貨店の商品部に聞いてみたら、こんな返事がかえってきました。

「〝アイテムをどう立てるか〟にもよるのですが、1000種以上は間違いなくあるでしょう。細かく分けると5000から1万種くらいでしょうか」

1アイテムというのは、Yシャツ、日本酒、リンゴ、腕時計、というような商品群種のことで、それらがそれぞれ何十という種類を持っている。日本酒なんかそれ自体で何百種もあるでしょう。いや何千かもしれませんね、と係りの人は唸っていました。

その数を控えめに考えて1000種に掛けても、すごい数字になります。100万！　いや1000万！

これらにすべて名前がある。

1000万が、すべてネーミングを持っている。

しかもこの数字はデパートにある商品だけですからね。デパートにないモノにはクルマ、マンション、ビル——そうだ、デパート自体がある。デパートというカテゴリーだけでも全国では数千はあるだろうし、商店、レストラン、バー、などのお店となると、これはもう億単位かもしれません。

もうこうなると、ネーミングの数を推測するのをあきらめるしかありません。ネーミングの大洪水。その中で私たちは暮らしている。生きている。

そして当たり前のことですが、それら何億のネーミングは、誰かが名づけているんですね。誰が名づけ親なのだろう。何を意図して、どのように名づけているのだろう。

一方、このネーミングの洪水の中で、私たちはどうやって必要なネーミングを選択しているのでしょう。必要なものをどう選り分け、見定めて手を伸ばしているのだろうか。

氾濫しているかに見えるネーミングだが、実はネーミングの「送り手」と「受け手」の間には、暗黙の了解事項や法則といったものがあるのではないか。

その暗黙の法則とは何か。

その法則に則って、ネーミングをつくる方法は?

という、ネーミングに関する考察と、ネーミング制作のノウハウを追求したのが、本書です。

「ネーミング書」の決定版、と意気込んで、ここにプレゼンテーションします。

「売れるネーミング」の成功法則——CONTENTS

3章◆ネーミングの設計

4章◆ネーミングの制作

5章◆ネーミング作法

6章◆ネーミングのチェックポイント

7章◆ネーミングの登録

8章◆ネーミング制作のケーススタディ

本書は、当社既刊の『売れるネーミング買わせるネーミング』を大幅に加筆、補筆したものです。

コラムは日経産業新聞に連載したコラムの抜粋再掲です。

ケーススタディ「公募ネーミング」は月刊『公募ガイド』の連載からの抜粋です。

●カバーデザイン／海老原拓夫
●DTP／ダーツ

1章

ネーミングとは何か——今なぜネーミングか

ネーミングは情報だ

ネーミングは元来、商品と切っても切れない関係にあります。もともと商品につけられる名前のことをネーミングと呼ぶ。つまり商品名のことなのです。そこが出発点です。

商品の名前。だから、お菓子やジュース、お酒やビール、車やテレビや洗濯機、といった売り買いされるモノのネーミングだけかと言えば、それだけではありません。それらをつくっている会社だって、社名がある。ネーミングを持っている。それらを売っている店、レストランやカフェ、バーやパチンコ店だって、ネーミングを持っているし、アパートやマンションなど不動産だってネーミングを持っていないものはありません。

デパートのような建物、さらには遊園地や娯楽施設だって、名前なしには成り立たない。それらの建物や施設で催されるもの、芝居やコンサートや映画にだって、みんな名前がついている。ネーミングを持っている。

政党だってネーミングを持っている。大売出しなどのイベントだってネーミングがある。町村合併でネーミング大募集なんて、ずいぶん騒がれましたね。あんなところまでネーミングという言葉が敷衍《ふえん》しているとは、まったく驚きです。

こう見てくると、ネーミングとは何かという範疇が、ぼんやりと見えてきます。

有形、無形のさまざまなモノやコト、それらが持っている呼称、それをネーミングと呼んでいるのです。

もし名前がなかったら、一体どんなことになるのでしょうね。人の名前もそうですが、もしモノやコトに名前がなかったら、私たちはどうなるのでしょう。ただもう右往左往しているだけしかしようのない存在となることでしょう。

すべてのものには名前がある。だからこそ、それに出会える。それが手に入ったり、そこへ行けたり、その内容を知ったりすることができるのです。

人の名前と同じですね。名前がなかったら、ひと目で好きになってもその人を確認できない。再び会う手がかりがない。第一、呼ぶことさえできない。恋と同じことがモノやコトとの関係においても起こるのです。

というわけで

「ネーミングは存在そのもの」

と、ちょっときざに哲学的に言ってみることもできるでしょう。

ネーミングとは、モノやコトが持っている情報を「言葉印」として表出したものである――と定義していいのではないでしょうか。

ところで、ネーミングという言葉が、ひろく使われるようになったのはいつの頃からでしょう。

昔はそれが商品なら「商品名」と言ったし、店の名前なら「店名」、本なら「書名」。映画や歌だと「タイトル」なんて言い方もありました。それらをひっくるめてネーミングと呼び出したのは、1970年代の頃からではないでしょうか。それ以前はせいぜい、マーケティングの専門用語としてだけ使われていた言葉でした。それが今では、ひろくあらゆるモノやコトの名称のことを、そう呼ぶようになってきました。

ネーミングの種類

ここで私なりに整理して、具体的に「ここまでがネーミング」という線引きを一応しておきたいと思います。

まず商品の呼称。しかしさて、商品と言ってもこれがひろい。有形無形、固体から液体、あるいは気体まで。商品と呼ばれるものの範囲は、茫洋と巨大です。

まず、形のあるモノ。

インスタントラーメンからパソコンまで。実に広範です。ブラウスからクルマまで。廉価なものから高価な耐久消費財まで。無数です。

形のあるモノだけではありません。

お茶やコーヒー、牛乳やビール、酒……。ヘアスプレー、香水、消臭剤などのような、液体や気体のものまで。日々生み出されている、それらのすべてにネーミングが必要なのです。ネーミングはまさに

「ラーメンからクルマまで」

という次第です。

先ほど触れたように、映画の題名、本の題名、歌のタイトル、政党の名前や大売り出しの名前もネーミングである。これらはモノというより無形の情報ですね。法律的には

「サービス名称」

と呼ばれています。

実はこの呼び方は、商標登録に関係があります。ネーミングはキャッチフレーズなどの言葉と違って、法的に登録できるのですね。いったん登録すると法的に守られる。つまり一種の発明として取り扱ってもらえます。現に、その商標登録は特許庁で行ないます。

というわけで、ネーミングは特許庁に登録することによって権利が守られますが、実は特許庁でつくっている分類表が、ネーミングの範疇をうまく示したものなのです（次ページ）。

ここでは、商標分類をうまくモノとコトにわけています。

モノは34類までに分類してあって、35類から45類までがコト、つまりサービスネーミングの分類です。こんな具合に、ありとあらゆるモノとコトが網羅されています。

さて、あなたのつくろうとしている商品は何ですか？　きっとどこかの分類に入るはずです。

詳しくは7章で登録の方法として触れますが、ここではざっと大まかな分類を示しておきます。

◆登録分類表の概略

商品区分表（1類〜34類）

第１類	化学品、のり及び接着剤（事務用又は家庭用のものは除く）、肥料、パルプ、原料プラスチックなど
第２類	染料、顔料、塗料、印刷インキ、絵の具、木材保存剤、松根油、カナダバルサムなど
第３類	化粧品、歯磨き、香料類、洗濯用漂白剤、靴クリーム、つや出し剤、つけづめなど
第４類	固形潤滑剤、燃料、工業用油、ろうそく、ランプ用灯しんなど
第５類	薬剤、包帯、生理用品、防虫紙、歯科用材料、乳児用粉乳など
第６類	鉄及び鋼、非鉄金属及びその合金、金属鉱石、ワイヤロープ、金属製品など
第７類	金属加工機械器具、土木・鉱山・漁業・繊維などの機械器具、ミシン、電機ブラシなど
第８類	ピンセット、くわ、電気かみそり及び電気バリカン、手動工具、スプーンなど
第９類	耳栓、消火器、電子出版物、自動販売機、ウェットスーツ、眼鏡、メトロノームなど
第10類	避妊用具、医療用機械器具、氷のう、ほ乳用具など
第11類	便所ユニット、浴室ユニット、ボイラー、ごみ焼却炉、ガス湯沸かし器など
第12類	自動車・二輪自動車・航空機・船舶・鉄道車両並びにその部品及び付属品、陸上の乗物用の動力機械など
第13類	鉄砲、火薬、爆薬、戦車など
第14類	貴金属・宝飾品・時計など
第15類	調律機、楽器、演奏補助品など
第16類	印刷物、写真、タイプライター、事務用又は家庭用ののり及び接着剤など
第17類	雲母、ゴム製又はバルカンファイバー製のバルブ（機械要素に当たるものを除く）、消防用ホースなど
第18類	かばん類、つえ、傘、乗馬用具、皮革など
第19類	彫刻類、木材、石材、建築用ガラス、タール類及びピッチ類、れんが及び耐火物など
第20類	海泡石、こはく、くぎ、ナット、ボルト、ストロー、うちわ、アドバルーンなど
第21類	ガラス基礎製品（建築用のものを除く）、食器類、なべ類、しゃもじなど
第22類	原料繊維、衣服綿、布団袋、編みひも、登山用又はキャンプ用のテントなど

第23類	糸
第24類	織物、布団、敷布、カーテン、どん帳など
第25類	被服、履物、バンド、ベルトなど
第26類	針類、ボタン類、刺しゅうレース生地、造花など
第27類	畳類、人工芝、敷物、体操用マット、壁紙など
第28類	運動用具、釣り具、遊園地用機械器具（業務用テレビゲーム機を除く）、スキーワックスなど
第29類	食肉、乳製品、卵、加工水産物、食用油脂、カレー・シチュー又はスープのもと、お茶漬けのり、ふりかけなど
第30類	調味料、茶、コーヒー豆、アイスクリームのもと、菓子及びパン、ハンバーガー、べんとう、ぎょうざなど
第31類	生花の花輪、釣り用餌、海藻類、野菜、果実、飼料、種子類、ドライフラワーなど
第32類	ビール、清涼飲料、果実飲料、乳清飲料など
第33類	日本酒、洋酒、果実酒、中国酒、薬味酒
第34類	たばこ、喫煙用具（貴金属性のものを除く）など

サービス区分表（35類～45類）

第35類	広告、市場調査、職業のあっせん、書類の複製など
第36類	保険、財務業務、金融業務、不動産業務
第37類	建築物の建設、修理、取り付けサービス
第38類	電気通信
第39類	輸送、物品の梱包及び保管、旅行の手配
第40類	材料処理（廃棄物の収集や分別及び処分など）
第41類	教育、訓練の提供、宿泊施設の提供
第42類	気象情報の提供、建築物の設計・測量、機械・装置若しくは器具又はこれらの機械等により構成される設備の設計
第43類	飲食物の提供、宿泊施設の提供
第44類	医療サービス、獣医サービス、人又は動物に関する衛生及び美容、農業・園芸及び林業サービス
第45類	個々の概要に応じて、他人が提供する人的及び社会的サービス、財産及び個人の保護のためのセキュリティーサービス（冠婚葬祭関係、宿泊施設など）

◆タウンページに載っている飲食店の種類

飲食業	
■飲食店	■ドライブイン・道の駅
■食堂	■ファストフード
■レストラン（ファミリーレストラン）	

専門飲食店	
■レストラン	■韓国料理
■フランス料理店	■イタリア料理店
■焼肉・ホルモン料理店	■カレーハウス
■スパゲティ店	■中華料理店
■中国料理店（広東料理）	■中国料理店（四川料理店）
■中国料理店（上海料理）	■中国料理（台湾料理）
■中国料理店（北京料理）	■餃子・しゅうまい店
■ラーメン店	■ピザハウス
■日本料理店	■うどん・そば店
■うどん・そば店（スタンド）	■うなぎ料理店
■お好み焼店	■お茶漬・おにぎり店
■たこ焼店	■沖縄そば店
■おでん料理店	■かき料理店
■沖縄料理店	■懐石料理店
■かに料理店	■郷土料理店
■京料理店	■魚料理店
■串揚げ・串かつ料理店	■牛たん
■ジンギスカン料理店	■しゃぶしゃぶ料理店
■もつ鍋店	■すし店
■すきやき料理店	■ちゃんこ料理店
■すし店（回転寿司）	■とんかつ店
■てんぷら料理店	■ふぐ料理店
■鳥料理店	■冷麺

飲食店だけでもこんなに種類がある

ネーミングは経済活動だ

平成不況にいたるまでの高度経済成長期に、私たちはある程度、モノの充足をはたしてしまった。どの家にもテレビがあり、洗濯機、エアコンも整い、クルマも普及しました。それも1台ではなく、テレビは部屋ごとに、クルマは特に地方では家族の数だけ、という具合に、アメリカ並み、あるいはそれ以上の普及をはたしました。

衣食に関してもまた、飽和状態を通り越してしまった。住はさまざまな事情で後塵を拝することになるが、日常的なモノの充足は、ここでもほぼピークを迎えました。

たとえばカメラ。

私自身を例にとると、さまざまな機能、形態のものを10台以上持っている。はじめて買った一眼レフから、コンパクトカメラまで。オートフォーカスに自動巻き上げ、自動フラッシュ、さらにはAPSといった、さまざまなカメラが書斎に並んでいます。もちろんデジカメも数台。

なにも私はカメラマニアでもないしコレクターでもない。新しい機能のカメラが発売されるたびに買っていったら、とうとうこの数になっていたというだけなのです。

これらのカメラは、すべて今でも使える。壊れて買い換えたわけではないのだから、当然といえば当然のことなのだが、最初に買ったカメラだっていまだにちゃんと使えるのです。実にもったいない。

テレビだって自慢ではないが、使えるのに使っていないテレビが家には3台ある。そのどれもが、今でもちゃんと映る。ただ、薄型液晶やワイドやBSチューナー内蔵ではないというだけで、物置の中で眠っているのです。

私は、典型的な日本の消費者です。新しい便利な機能を持った商品が生まれるたびに、それらを買ってきました。いや、言い換えれば〝買わされてきた〟のです。

そうした私に代表される消費者の性向、それを促す商品開発の加速は、経済の高度成長期の単なる名残でしょうか。私にはそうは思えない。むしろその後の不況こそが拍車をかけたと考えるのです。

その大不況のさなかの朝日新聞の天声人語（98年12月22日）です。

「消費拡大の大合唱が続いている。大分県は二万人の県職員に「年末年始は地元商店街で、日ごろより『プラス一万円』の買い物を」と呼びかけた。ボーナス支給日には平松守彦知事が商店街に出かけ、ジョギングシューズ、孫に贈るゲームなど計三万二千円分を買ってみせた▼一九五〇年代末、アメリカを景気後退の波が襲った。多くの産業で在庫品の山ができ、生産は縮小された。ときの大統領アイゼンハワーが記者会見で、後退を防ぐために国民は何をすべきかを質問されたことがある。「買うことだ」と彼は答えた。「何を買うのですか」「どんなものでも」▼当時のニューヨーク州通商局長は、「いま買いましょう」というキャンペーンを始めた。「買うことは繁栄の道」といったスローガンがラジオとテレビで流れた。

――そう紹介しているのは、六〇年に刊行されて日本でも話題になったV・パッカード著『浪費をつくり出す人々』だ。（中略）▼当時のアメリカ社会を描いたこの本は、浪費は米国人の生活様式の一部になってしまったと記した。〈この国の平均的市民は、第二次大戦直前に比べ二倍の消費をしている。持ち物の約五分の二は、どうでもいいものか贅沢品だ〉。しかしメーカーはもっと売るためにいろいろな手を使う▼水着メーカーは午前中用、午後用、夕方用と三着の水着を買うよう宣伝した。各家庭に冷蔵庫は二台必要です、と売り込むのは家電会社。一種類の品物を複数買わせる戦略だ。(中略)▼巻頭に、風刺に満ちたことばが掲げられている。〈生産を続けるために消費を人工的に刺激しなければならないような社会は、屑やむだの上に作られた砂上の楼閣である〉」

昨今の日本を思い浮かべながら読むと、当時のアメリカがなんと日本によく似た状況であることかと、パッカードの先見性に舌を巻く一方で、私たちは50年代のアメリカ人と同じ轍を踏んでいることに気づくのです。

当時のアメリカの商業主義の例として、下着メーカーの、まるで冗談のような新製品戦略を読んだことがあります。

ある下着メーカーは、淑女は幼少の頃から躾が大切、習慣が大事と、子供用のブラジャーを売り出した。のみならず、赤ん坊用まで発売したというから、新需要開拓もここまでくれば涙ぐましい。

日本は、好むと好まざるとにかかわらず、アメリカの状況の後を追い、需要拡大をめざして、あらゆる手段を講じてきました。日本は、モノをつくって売らなければ出口なしという、経済の袋小路に入り込んでしまったのです。私(国民)がカメラやテレビを買い続けなければメーカーは潰れて失業者があふれ、購買力はさらに下降し、いわゆるデフレスパイラルはとどまることなく進行し、不況の慢性化は進んだでしょう。

必要なモノを、私たちはもう十分すぎるほどに持ってしまったというのが、20世紀末までに私たちがいたった状況です。

その結果、需要は収縮し、モノが売れない。豊かなのにそれが購買力になっていかない。売れなければ生産は下向き、企業の活力は失われ社員の給料は上がらない。個人所得が落ち込めば、ますますその総体である購買力は下がり、さらにモノは売れなくなってしまう。

そうなっては、日本経済という日本人にとっての〝箱舟〟は、タイタニック号のように沈没してしまいます。

そこで、企業はどうするか。必死になって売れるものを生み出そうとする。必要なものが充足しているのなら、「必要」を生み出すしか手段はないのです。

その、生み出された「必要」こそが、実は新商品の氾濫に他ならないのです。そして、その過剰な必要、過剰な新商品にすべてネーミングが冠されていく。しかも、氾濫する商品の中では声高に自己主張しなければ差別化できず、いきおいネーミングは、キャッチフレーズ化して先鋭になっていったのです。

長々と経済と商品企画の氾濫を述べたのは、ネーミングがその尖兵の役割を担ったということが言いたかったのです。

「ネーミングは経済活動をする言葉」

そう言い切ってしまいたいのです。

さてここで、こうした経済状況の中で、ネーミングのはたす役割を確認しておきましょう。

商品のネーミングも会社や施設のネーミングも、歌や本や映画のネーミングも、そのモノやコトを伝えて売るために存在する。そう認識すると、ネーミングのさまざまな位相が鮮やかに見えてきます。

私たちはネーミングに何を期待しているのだろうか。

命名者（発信者）からすれば、ネーミングによって情報を伝え、記憶させ、商品などのモノやコトのあるところに人を導き、そして買ってもらう

（あるいは使ってもらう）。

ネーミングを見る、あるいは読む人にとっては、そのネーミングによって情報を得、そのモノやコトにたどり着いて手にしたい。

そうした両者の暗黙の諒解によってネーミングは成り立っているのです。

ところが、商品の加速度的、級数的な誕生、情報の過剰な氾濫によって、その両者の目的が達せられにくくなってきた。次から次に出てくる商品や情報があまりに多様な誕生の仕方をするものだから、その特性、差別ポイント、セールスポイントが伝わりにくくなった。いきおいネーミングは過激になっていく。他との違いを声高に叫ぶことになるのです。

これがネーミングブームと呼ばれて、いろんなメディアで特集を組まれる原因なのです。では、なぜそんなに過剰過激に商品や情報が氾濫するのか、は先に述べたとおりです。不況だから売れない。売れないから、新商品を開発しなければならない。90年代から続いた不況こそが、開発を活性化したのです。

30年前なら、業界全体で年間10種程度しか開発されていなかったビールが、今では1社でそれ以上開発され、発売されている。数倍の新製品開発競争です。カメラもケータイ（かつては存在すらしなかった）も、ラーメンも冷蔵庫もクルマも、みな同じような比率で増えていきました。

そして、それらにはすべてネーミングが必要なのです。かように新商品が氾濫すれば、その数だけネーミングも氾濫する。しかも、互いに闘わなければならないのです。

不況。これがネーミングブームの根だと私はにらんでいる。「ネーミングは経済活動をする言葉」と先に述べた所以です。

政党名は、コンセプト（政策）を表わしているか

どこまでがネーミングなんだろう。人の名前やペットの愛称はネーミングと言わないから、生きものの呼び名は、ネーミングではないらしい。おおむね商品の名前のことをネーミングと呼んでいるようだけれど、商品そのものとはちょっと言いがたい、会社や建物や施設なども、堂々とネーミングと呼んでいる。とすれば、選挙が近づくたびに気になるのだが、政党名も立派なネーミングに違いなかろう。

現在、そしてこれまでの政党名をあげてみると、自由党、自由連合、自由民主党、民主党、社会民主党、新社会党、民主社会党（これは、とっくにないか失礼）……あれ、尻取りみたいになっちゃった。ずいぶん似たネーミングが並んでいるものですね。

しかし、考えてみると、日本の政党のネーミングは、実によくできている。ご覧のように、だいたい「自由」と「民主」と「社会」の三つのキーワードでつくられている。これらの組み合わせなのだ。

いいかげんだなあ、とかねがね思っているのだが、しかし、似通ったコンセプトの商品のネーミングが似てくるのは当然のことで、皮肉にもこれら商品（政党）のネーミングは、実にコンセプト（政策）をよく表現している、と言えなくもありません。

本来は、民主主義と自由主義は相反する概念で、民主主義は福祉に向かうし、自由主義は競争社会を示唆している。そのバランスをとることが、近代政治の課題だったはずだが、どうもそんなことを深く考えているとはとても思えない。

明快なコンセプトを持ち、それをアピールしようとしている（ネーミングの本質は元来これ）のは、共産党と、かつての日本福祉党、スポーツ平和党、くらいのものかもしれない。保守新党なんかは、意味がわからなかった。日本新党、国民新党にいたっては主義皆無でしょう。

民の力。
The Democratic Party of Japan
民主党

民主党　ロゴマーク

2章

ネーミングは ブランディングだ

ネーミングの役割

　さてここで、ネーミングは何のためにあるのか。具体的にどんな役割を持っているのか。過剰なマーケットの中でどんな働きをするのか。しなければいけないのか。いわば、ネーミングの使命を考えてみましょう。

　もし、ネーミングがないとビール1本買えない。デパートにも行けない、クルマも買えない。テレビ番組だって見られない。

　しかし、そんな不便さだけなら、記号とか番号があればすむことではないのか。わざわざ名前をつけることもないのではないか。

　たとえば、Aビールの58とか、百貨店WXとか、トヨタ65とか。ほら、何だか車の登録番号みたいになってきた。

　「Aの58ビールください」と言ってビールを買い、「百貨店WX」で待ち合わせ、「トヨタ65に乗ってみたいな」と考えます。となると、さて便利なんだろうか。名前がないよりはいいだろうが、それらの記号や数字を覚えるのが大変、伝えるのが大変です。あまりにも無機的で、記憶の手がかり、伝達の情報性がないからです。

　名前がないと不便というより、ほとんどすべてのコミュニケーションが成り立たないことがわかる。

　いや、一概に記号や数字がすべていけないというわけではない。場合によっては十分に機能するし、そのほうが有効なことさえあります（現にBMWなどは数字と記号をネーミングにしている）。

　しかし大筋で言えば、無機的な名前では何かと不自由なのです。では一体、何が不自由なのか。

　実は、それこそがネーミングの要諦なのです。

ネーミングが、単に記号であってはならないのは、そのネーミングによって何らかの情報を伝える機能が期待されているからです。

それだけでなく、その情報が魅惑的で人の心をつかみ、ある場合はそのモノまで導く力、またある場合は、そのモノを売る力が要求される。それらがあってはじめて、ネーミングとしての機能をはたすことができるのです。

ネーミングがなければ、何もはじまらない。しかし、ネーミングは単にあればいいというわけでもありません。

人々を惹きつけて、商品を売る。

この二つの役割を背負っているということを、はっきりと認識しなければなりません。ここから、ネーミングに関するすべてがはじまるのです。

◎惹きつけるネーミング

ネーミングはどこにあるか？　商品を例にとれば、それはパッケージ上にあります（お店なら看板の中にあります）。スーパーやコンビニの棚の上や自動販売機の窓から、私たちの目を惹きつける——その役割を担ってきたのがパッケージです。そして、そのパッケージの中心をなすのがネーミングに他なりません。

と言うより、ネーミングをデザイン表現するのがパッケージと言い替えてもいいくらいです。

パッケージの色や形などは、実はネーミングの表現として設計されなければならないのです。エコロジーがテーマの商品なら、自然の景色、美しい緑。元気がテーマなら、明るい色、いきいきとしたデザイン……いずれも、その元はネーミングにあるはずなのです。

人はネーミングに目を留め、惹かれ、近づき、手に取り、レジに向かいます。

商品ではないけれど、お店の場合だって同じです。新鮮な魚料理が自慢のお店なら、そのタイポグラフィー（書体）と看板のデザインは、新鮮さと魚がモチーフになるだろうし、静かな時間と雰囲気をアピールするネーミングのバーなら、静謐な文字とデザインの看板が店の前に掲げられていなければならないでしょう。

人はそのネーミングに惹かれ、そのネーミングの意味するモノ・コトを表現した姿＝デザインに惹きつけられて、店の扉を開けるのです。


ネーミングの役目はこうした現場だけで期待されるのではありません。

チラシや広告、いわゆる広報宣伝活動の中でネーミングはもっとも重要な役目を担います。

広告は顧客にとって、バーチャル体験です。当たり前のことだけれど、広告に触れるとき、私たちはその商品に触ることも匂いを嗅ぐこともできない。想像するだけです。

「こんな味だろう」「あんな店だろう」といった想像を喚起して人を誘い込む。店に来させる。ネーミングはそうした引力のある言葉でなければならないのです。

売り場なら、触ってパッケージをしげしげ眺める、中身をすかして見る。お店なら、ちょっとドアを開けて覗く、といったことができますが、広告では不可能です。

広告は、そして広告の核であるネーミングは、人をそこまで、つまり現場まで導かなければならないという、過酷な使命を帯びているのです。

ネーミングは、いわば商品の「水先案内の役割」を負っていると言っていいのです。

◎覚えさせるネーミング

広告によってある商品の魅力に惹きつけられたとします。そして商品名を確認し、覚える。さて、その商品を買いに行く日まで、あなたはネーミングを覚えていられるでしょうか。広告に心を動かされたからといって、私たちはただちにお店に行くわけではない。翌日ならまだいいほうで、1週間後かもしれません。

さっきも触れたように、広告は擬似体験、バーチャル体験ですから、気に入ったからには本物に会いに行きたいのです。したがって「会えるまで覚えていられる」ことはネーミングの決め手です。

ある夜あなたは大好きなタレントがおいしそうに食べているラーメンの広告を見ました。テレビでも新聞でもポスターでもいい、これはとにかくバーチャルです。で、「こんど買うときはぜひそのラーメンにしよう」と決めました。

さて3日後、あなたはスーパーで先日の広告を思い出してそのラーメンを買おうとしました。でも肝心のネーミングが思い出せない。そんな経験ありませんか。

かっこいいクルマの広告を見た。しかしすぐにディーラーを訪ねるわけにはいきません。やはり週末あたりに郊外のショールームに行ってみたい。やっと土曜になり、妻と子供をつれて、そのクルマを見に行こうとして、あれ？　何ていう名前だったっけ。キャッチフレーズやタレントの顔は思い出せるのに、肝心要のネーミングが出てこない。これじゃあ、トヨタ、ホンダ、ニッサン、どのショールームに行けばいいのかわからない。

これでは広告しても意味がありません。スポンサーは高い広告料を無駄遣いしていることになります。ネーミングは覚えやすくなければ意味がないのです。

肝心要と書きましたが、まさにネーミングは広告から店に客を誘う「要」なんですね。

お店の場合も同じです。通りがかりにいい感じの店があり、近々来てみようと思いました。さて、数日後行ってみようとするのだけれどネーミングが思い出せない。

あるいは看板の名前に惹かれてぶらりとバーに入ってみました。気に入りました。また来るね、と言って出たのに、翌日はてな、もう名前が思い出せない。昨日は酔っ払っていたせいかも知れないけれど、とにかく記憶にございません。と、これではせっかくの看板が泣いてしまいます。

実際、ネーミングがリピーターを獲得する決め手となるんですね。もちろん商品の場合も同じであることは言うまでもありません。

ネーミングの記憶の度合いは、

① 時間が経てば経つほど、薄らいでいく
② 距離が遠いほど曖昧になっていく
③ 品種が多いほど曖昧になる

と言うことができます。こうした、商品または店とそのネーミングの記憶の関係を、私は次のように名づけています。

「ネーミング記憶の法則」

その定義は

「ネーミングの記憶の度合いは、時間と距離に反比例する」

というものです。

覚えてもらうこと。モノやコトを記憶させること。そのためにこそネーミングはあるのです。あらねばならないわけです。

ネーミングの存在意義は、まさにこの「記憶」にある。覚えられなければ、なきに等しいのです。

無数に存在する、性格の似通った競合の商品や商店の中で、その1品、その1店を覚えさせること。それこそがネーミングの第一の役割、もっとも重要な使命と言い切っていいでしょう。

だから、ネーミングは覚えやすくつくられなければならないのです。覚えにくいネーミングだったら、記号や番号のほうがまし。いっそ、ネーミングがないほうがコンペチターのものを買うという間違いを起こさないだけましかもしれません。

◆広告におけるネーミングの役割

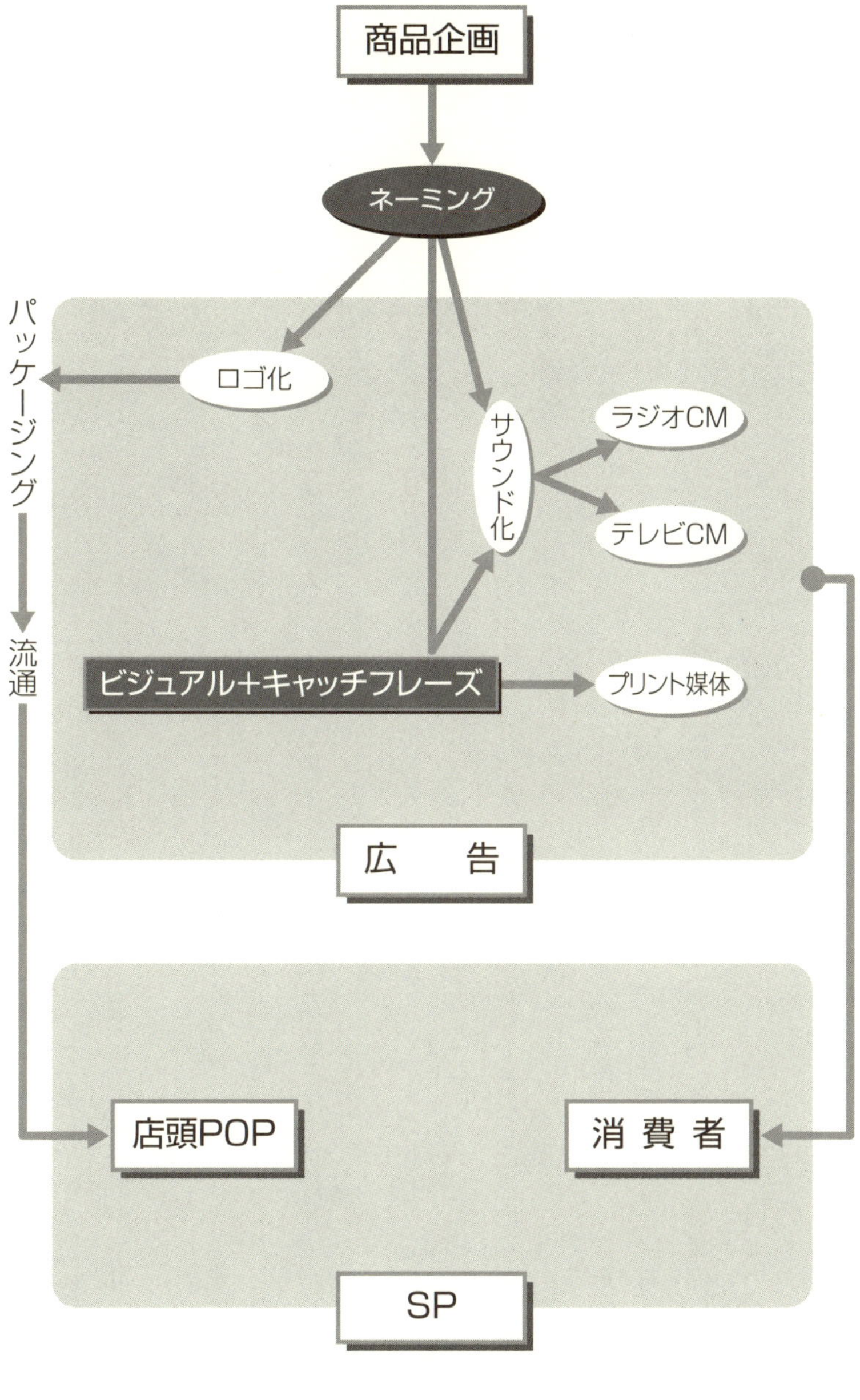
商品企画
ネーミング
パッケージング
ロゴ化
サウンド化
ラジオCM
テレビCM
流通
ビジュアル＋キャッチフレーズ
プリント媒体
広　告
店頭POP
消 費 者
SP

ネーミングはマーケティングだ

　言うまでもなくネーミングは、モノやコトを「売る」ためのものです。惹きつけ、記憶させるためのネーミングは、科学的にあるいは論理的に分析され、解析された結果、生まれてくるものでなければなりません。

　ネーミングの使命が「売る」ことである以上、ネーミングは、マーケティング的なプロセスの中から生まれなければならないのです。

　いわば、

「モノやコトを売る戦術＝マーケティング戦略の分析が、ネーミングづくりのプロセス」

　と言うことができるのです。

「どんな商品をつくるか」からマーケティングははじまるのですが、まずそのためには周辺にどんな商品がすでに存在しているか、その売れ行きや推移はどうか、といった調査や分析が不可欠です。

　たとえば新しいビールの開発をするとしましょう。この場合、ビールの市場はもちろん、お酒やウイスキー、発泡酒の消費者像も把握しておく必要があります。

　清涼飲料の分布やターゲットの調査と分析、さらにはスポーツドリンクなどについても観察しなければなりません。それらも競合商品になる可能性がないとは言えないからです。

　こうした作業がいわゆる市場調査です。その調査によって、どんな人が望んでいるのか、あるいは望んでいないのか、年齢層は？　男女の比率は？　地域別では？　……といった、ターゲットの把握も重要になってきます。

　こうした市場調査と分析の上に立って、さて、どんな商品を生み出していくか、どんな商品を組み立てていくか、という商品企画に入っていきます。

・どんな味にするか
・アルコールは少なめにするか、多めにするか
・どこで収穫された麦を使うか
・味はキレを大切にするのか、コクを出すのか
・価格はどのくらいに設定するのか

といった、商品設計後に試作品ができた段階で、いよいよネーミング作業の開始となります。

以上のマーケティング調査と商品設計を踏まえて、ネーミングをつくる作業がはじまるのです。

◎製品から商品へ

新製品に名前がつけられたときから、本格的なマーケティングがはじまります。それをどう売るか、という作業です。

そして、そのときからネーミングの本格的な役割が、クローズアップされてきます。市場に送り出されて、はじめて製品は商品になる。そのことはとりもなおさず、

「ネーミングがつけられてはじめて製品は商品になる」

ということにほかなりません。

製品はネーミングによって、自立するのです。

さあ、そしていよいよ流通の現場です。この段階で早くもネーミングは機能しだします。

たとえばコンビニ。営業マンが持ち込んだ新商品に、仕入れ担当は厳しい目を向けます。毎日のように激しい売込みがあるのですから、よほどの魅力がないと、狭い棚の上に置いてはくれません。売り場を提供してはくれないのです。

「早い話、売りは何？　ひと言で言ってみてよ」

と畳みかけるでしょう。彼はやりとりする時間さえ惜しいのです。

そのときネーミングが特長をズバリ表現していたら、営業マンは説明が簡単なのではないか。も

しかしたら説明不要、パッケージを見せ、ネーミングを示すだけでいいかもしれないのです。

たとえば

「じっくりコトコト煮込んだスープ」

このネーミングがあれば、商品説明はほとんど必要がないではありませんか。営業担当は黙って商品を差し出すだけで、こと足りたのではないでしょうか。

こうしてその新商品は無事、店頭に並びました。棚に置かれました。勝負の本舞台です。

ここではもう、営業マンは言葉による手助けをすることはできません。商品は棚の上から自分で自分を紹介して、自己宣伝して、買われなければならないのです。

完全な自立です。似たような競合商品がずらりと陳列されたその棚の上から、みずからをアピールしなければならないのです。

そして、繰り返し言いますが、その主役を演じるのがパッケージであり、その核となっているネーミングなのです。

もし、その商品が広告を打ってもらえる場合でも、事態は同じです。広告でいかに魅力的に特長を伝えるかは、やはりネーミングとパッケージにかかっている。そして、記憶させるという役割を負っていることは、先に述べました。

さまざまな広告表現、美しい景色や魅力的なタレントも、ネーミングを、パッケージを印象づけるための衣装だと言っていいのです。

中田英寿でさえＩＸＹというネーミング訴求のための飾りにすぎない。イチローでさえ、日興コーディアル証券を覚えさせるための手段にすぎない。強烈な印象でネーミングを記憶させて店頭に誘うための仕掛けでしかない、と言っても過言ではないのです。

以上を大きな意味でマーケティングと呼んでいいと思います。「Ｍａｒｋｅｔｉｎｇ」を辞書（新英和大辞典）で引くと、「市場調査・流通経路・広告なども含む製造計画から最終販売までの全過程」とあります。

なるほど、その長い過程を導いていくのがネーミングなのだ。と再認識してください。

ネーミングは商品企画だ

さて、ネーミングの制作に入る前に、商品企画とネーミングの関係について、補足しておきたいことがあります。

ネーミングは、商品企画の言葉による短縮表現、具現であると、先に述べました。それでは、ネーミングの元となる商品企画は、どんな方向で生まれているのか。

実はそのことがネーミングの位相と大いに関係があるのです。というわけで、もう一度商品企画の問題に触れた上で、ネーミングの具体的な作法に移ります。

商品企画の多様化、広範化についてはすでに述べました。では、具体的にその方向にはどんなものがあるのだろう。

次の三つのパターンがあった。いや、現にある、と考えられます。
①技術革新によって商品に新しい魅力や価値を付加していく方策《技術革新》
②今までに存在しない商品を生み出す方式《発明》
③今までの商品が色あせて見えるような、新しいイメージを付加する方策《イメージ》
この三つのパターンを、それぞれ追って眺めて見ましょう。

①技術革新によって商品に新しい魅力や価値を付加していく方策《技術革新》
かつてカメラは、距離も露光も手で合わせ、巻き上げも親指でやるという、いわゆるマニュアル方式でした。自動露光といってもせいぜいシャッタースピード優先の自動露出機能程度だったから、これだというのが1台あればこと足りたし、目移りしなくてすみました。ところがその後、完全自動露光になる。自動巻上げになる。巻戻しまで自動になる。さらにはオートフォーカス、自動ストロボになり、自動ズームになった。そうこうしているうちに24ミリフィルムのAPSが出る。カメラも小型化してこりゃすごい、と私は次々と買って、今ではコンパクトカメラだけでも机の引き出しに数台はある。みんな使えるのにね。

そしたら今度はデジカメです。記憶容量メガバイトは次々と大容量に、液晶画面も大きくなって、そのたびにまた私のコレクションは増えるのでした。

AV商品だって事情は同じです。カセットからいつの間にかCDやMD、DVDと出現するから、そのたびに新商品の新機能を訴える。繰り返し言いますが、そのキーがネーミングなのですね。

新技術による新製品の開発。それが、第一の商品企画の方策なのです。

②今までに存在しない商品を生み出す方式《発明》

かつて「ファーストレディ」という女性向けのビールがあった。低アルコール。だから女性向けに売り出しました。

スポーツ飲料として出現した低アルコールビール、「LA」というのもあった。しかしちょっと早すぎた。女性のビールと言われて喜んで飲む女性はいない。スポーツビールと言われても、食指は動かなかった。

ところが先年、道路交通法が改変されて、酒気帯び運転の罰金が一気に数十万となりました。同乗者も同罪となった。

そこで、頭を抱えたゴルフ層に向けて、ノンアルコールビールが各社からどどっと出ました。新製品開発のラッシュです。アルコールなしのビール。発明です。たいへんな技術が必要なのだそうです。

「ビアウォーター」と銘打ってベストセラーを記録しました。

ファミコンゲームの登場も画期的でした。そのソフトが何百万というベストセラーを次々と続けて、CDや本も続々出ました。

ハードの普及がパソコンとしての機能を増幅させ、ついには株や商品の情報などを手に入れられるキャプテンの端末として利用される、といったことを考えると、まさに新しい価値の創造と言って過言ではない。それはもう隙間どころか大道に変身したマーケットの新分野と言っていいのでしょう。

そして、MDの登場。DVDの発明。音楽配信のiPodの発明。液晶テレビ、プラズマテレビ……と、かぎりなく発明は続く。そして新製品の開発は進む。そしてまた、それぞれにネーミングがつけられていくのです。

「ウォシュレット」「写ルンです」の登場も衝撃

フィルム・レンズ一体型カメラ「写ルンです」

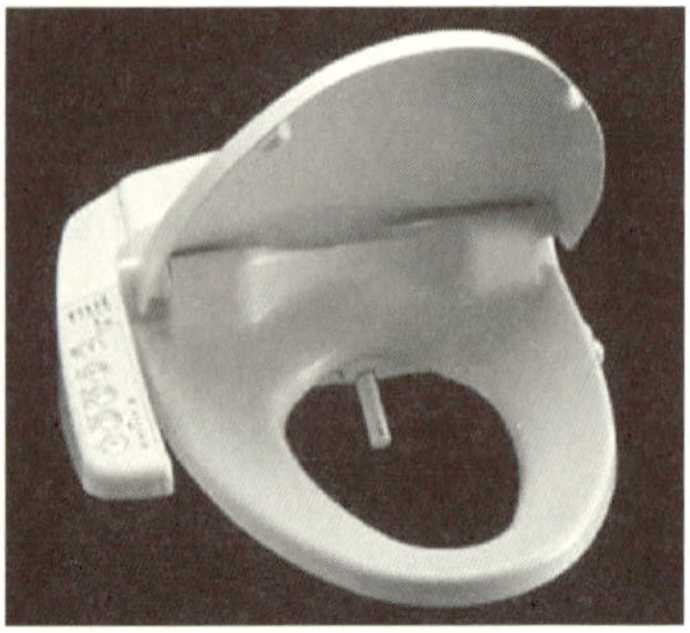

ウォシュレットタイプの便座

的でした。便座はもうデザインと水流の改良しか可能性がなさそうだったのに、「お尻を洗う」という新機能の発明によって、新しい価値を生んだ。改良の域を越えた新ジャンルの開発と言って間違いないでしょう。

「写ルンです」も一方の雄です。フィルムとレンズの一体化。と言うよりフィルムのカメラ化という技術革新。これはまさに発想の転換による新製品でした。大げさに言えば、人類初体験のメカニズムです。カメラの改良でもなく、フィルムの改革でもなく、フィルムにレンズをつけるという発想は、最初半信半疑だった消費者をすっかり洗脳して圧倒的な普及をはたす。カメラの飽和普及に風穴を開ける、まさに新アイデア、新発明だったのでした。

それを追いかけるようにAPSカメラの発明、デジタルカメラの登場……。

こうして新商品は発明によって開発され、ネーミングという旗印をつけられて市場に登場してきたのでした。

③今までの商品が色あせて見えるような、新しいイメージを付加する方策《イメージ》

ネーミングの氾濫の原因をつくるいまひとつの商品企画は、いわゆるイメージの付加価値によるものです。この傾向が顕著なのは食品やファッションではないでしょうか。

たとえばビール戦争におけるイメージ戦略。アサヒの逆転勝利をなさしめた、「ドライ戦争」は「ドライ」という新味覚の開発によるものだったけれど、それ以外のビール戦争はほとんどが、「ネーミングを変える」「パッケージを変える」といった、まったくのイメージだけの改変によって消費者の欲望を刺激しようという、安易な作戦にすぎませんでした。

季節によって変えるパッケージ、地域によって

ビールのさまざまなネーミング

変えるネーミング、などイージーな戦略に終始した。それでもビール好きはノドを鳴らして文字どおり「名ばかり」の新ビールに群がったから、この手法は後を断たない。

ビールなぞどれも大差ないから（目隠しテストがしばしば証明する。ネーミングを当てられないことをみんな知っている）、気分を変えて違う名前のものを飲んでみる、といった軽い動機が動いた、とも言えるのです。

コーヒーや紅茶戦線にも例は多い。

「午後の紅茶」は別に、〝午後の味覚〟を追求して生まれたわけではないでしょう。イメージです。朝の慌しい時間ではなく、午後に飲む気分がいいのです。気分です。イメージです。

「BOSS」という缶コーヒーは、売上げが頭打ちになったとき、「BOSS仕事中」「BOSS休憩中」を出しました。

もしかしたら、「仕事中」はシャキッとするようにややカフェインを強く、「休憩中」はリラックスするように工夫してあるようです。

しかし、まあイメージに訴えかける役割が大きいでしょう。消費者にとってはそんな指定をされたくはない。むしろ気分で選んで飲むのです。どちらにせよ結果、BOSSの売上げは上昇する。これはイメージ作戦の勝利、と私は考えます。

何の変哲もないオレンジ飲料を「なっちゃん」と命名して大キャンペーンを張る。

これと言って特徴のない、つまり商品開発特性の希薄な飲料を「ごめんね」とユニークなネーミングで誕生させて、歌までつくって頑張ったけれど、さすがに商品に実のないことに消費者が気づいてしまったのか、1年で姿を消しました。イメージだけの商品企画がいかに脆弱かという格好のサンプルです。

ラーメンやスナックなどの食品の例は、もう挙げるまでもないでしょう。

なっちゃん

BOSS「仕事中」

BOSS「休憩中」

まっとうな必然の商品企画なくして、ネーミングなし。イメージだけをテーマにして、ネーミングだけでマーケットを席巻しようと考えるのは傲慢である、と私は考えます。

真の需要を喚起する商品企画あってのネーミング。それがネーミングの、正道であり王道であると信じます。

商品企画のパターンとネーミングの関係は、以上のごとく切っても切れない関係にある。それを認識することが、ネーミングをつくっていく上で必須のことなのです。

新需要開拓系ネーミング「アミノ式」と「健康系カテキン式」

景気の底入れの気配だとか、上向いてきた消費意欲だとか、ここのところ言われはじめていますが、実感がない。まだまだ暗中模索、需要の喚起に躍起です。

需要の喚起、となんだか経済コラムのような言葉をつかってしまいましたが、要するにものが売れない、次々と新企画商品を出しても売れない。しばらくは売れるけれど、すぐ売上げグラフは右下がりになる。さらに新しい企画……といった繰り返し。とにかく、新しい付加価値をつけて新商品を出すスピードを上げて、マーケティングという名の自転車をこぎ続けるしかないというのが実感ではないでしょうか。

とにかく次から次と新商品を出さないと、マーケットの閉塞は打ち破れない。というのが、不況下のジレンマではないでしょうか。

この商品企画の猛スピードが、ネーミングを変貌させている。新企画によって生まれた新商品は、目立たなければいけません。従来の他の同種商品と、ここが違う。ここがあなたにとってのベネフィットだ！ ということを、スーパーの、あるいはコンビニの棚や冷蔵庫の中から強い言葉で語りかけなければならないのです。

しばしば「ネーミングだけで売れるようにしてほしい！」と、ネーミング依頼の席上、クライアントから言われます。「強い言葉で語りかける」。つまり、それってキャッチフレーズですよね。ネーミングがキャッチフレーズのようになっていく。

さて、ブームになった「アミノ式」。サントリーのサプリメント飲料です。「式」という語をつけることで新ジャンルであることを強烈にアピールして出現しました。追い討ちをかけるように、もう1ジャンル「健康系カテキン式」。どちらも「新需要開拓系キャッチフレーズ式ネーミング」の典型です。

ネーミングはキャッチフレーズだ

不況は新商品開発を促した。一方、宣伝費は激減し広告は衰退する。本来マス広告によって伝播し、人を商品や情報のところに連れ込むことがマーケティングの常道だったのに、それが不如意となると、商品はそれ自身で自己宣伝をしなければならなくなります。

「このたび生まれるこの商品は、広告の予算がありません。したがって広告の予定がありません。だからネーミングで売ってください」と、私に依頼される新製品がけっこう多い。そういうことになってくると、そうした新商品は、スーパーやコンビニの棚の上から、通りかかる客に直接語りかけねばならなくなります。なにせ、広告してもらえないのです。自分で頑張るしかないではありませんか。

パッケージの広告化です。そしてそのパッケージの中から叫ぶのです。「私はまわりの似たような商品と違って、ここが違うんですよ！」と絶叫するしかないのです。

ネーミングのキャッチフレーズ化である。

ネーミングがキャッチフレーズみたいになっちゃった。これがいわゆる「面白ネーミング」となり、ネーミングブームを起こしていったのでした。

キャッチフレーズはいわゆる惹句です。人の気を惹く句です。その手練手管をネーミングが身につけはじめたのでした。

マス広告が失ってきた、一対一のコミュニケーション術。それがネーミングという形で復活する。

「お〜い お茶」

「写ルンです」

「甘栗むいちゃいました」

アメリカンホーム・ダイレクトの
人生まだまだ!! これからだ
満50〜80歳まで誰でも入れる保険
長期保障傷害保険

「あ！　あれたべよ」

「ＩＣＯＣＡ」（行こか）

「人生まだまだこれからだ」

「ごはんですよ！」

見事にみんな話し言葉です。一対一のコミュニケーション語です。面と向かって自己主張しているのです。


キャッチフレーズの手法は話し言葉だけに終わらない。語呂合わせも得意です。

「野菜中心蔵」――野菜庫が真ん中に設計された冷蔵庫だ。おなじみ忠臣蔵のもじり。

「元気甲斐」――山梨県は甲斐の国。その小淵沢駅で生まれた駅弁。元気かい？　という呼びかけ。話し言葉にもなっています。

「大清快」――大正解の語呂合わせ。エアコンのネーミングです。

いずれも、商品特徴を懸命に表現しようと努力している。競合他商品との差別性、区別性を短い言葉の中に凝縮しようと試みているのです。

凝縮、と言えばネーミングは昔から得意な手法を持っていました。凝縮すなわち短縮。

「とんかつ」

「とん」は豚。本来中国語です。「かつ」は「カツレツ」を縮めてしまった。こちらは英語。そのとんかつを、どんぶりご飯の上に乗せると、「かつどん」となる。「カツレツどんぶり」です。ここでもどんぶりを半分にして「どん」としてしまった。

この手のネーミングも、ブームの主役を演じてきました。

「ピングレ」「キョホグレ」は、ピンクグレープフルーツの略に、巨峰グレープフルーツの略。

「トレタマ」は、トレンド卵。

「ホンパラ」は、本のパラダイス。

「サタスマ」は、サタデースマップ。

テレビ番組のタイトルも、立派にネーミングです。ラジオテレビ欄のことを「ラテ欄」などと呼ぶのも、短縮でしょう。

スマップと言えば、芸名(言い方が古いけれど他に言いようがない)もネーミングであろう。

「キムタク」は、木村拓也の短縮。

「ドリカム」は、「Dreams Come True」の短縮。

しかし、これらは目新しいレトリックではありません。この手の先祖はけっこう古い。

榎本健一の「エノケン」。

坂東妻三郎の「バンツマ」。

嵐寛十郎の「アラカン」。

とまあ、他にもいろんな傾向があるのだけれど、ネーミングのキャッチフレーズ化の奔流は留まるところを知りません。

ブランド戦略としてのネーミング

◎イメージは記号でいいのか

商品の氾濫、情報の氾濫によって、ネーミングは惹句化した、と書きました。しかし、そうなっていない分野がないわけではない。たとえばクルマ。それらはネーミングブームの外側にいる。無関係に存在しているかのように見えます。

「CEDRIC」「CROWN」「BLUEBIRD」「CORONA」「PRESIDENT」などは健在です。しかし、それらが「小公子」や「冠」や「青い鳥」や「日輪」や「大統領」を意味していることを、もう誰も意識してはいない。ネーミングは記号化してしまっているのです。そこに惹句としての機能はいまやありません。比較的新しいネーミングである「CELICA」「PROGRES」「Fit」などにしても、同様です。キャッチフレーズ的ではない。記号なのです。

記号だから商品特性を何にも訴えはしない。したがってそれらには、キャッチフレーズが必要になります。つまり商品情報。それなくしてモノは売れません。消費者はモノを買いません。

次ページ表を見てください。

クルマのネーミングとキャッチフレーズの一覧です。これはほんの一部です。バリエーションやバージョンを入れると優にこの倍はありますが、きりがないのでこのくらいに。

この表で一目瞭然、明らかなことは車の数だけネーミングがあり、ネーミングの数だけキャッチフレーズがある、ということです。

それだけでなく、ここには記しませんでしたがこの数だけタレントや風景やモデルやCGや、さまざまな表現が、それぞれに付随しています。

◆自動車各社のキャッチフレーズ

メーカー	車　名	キャッチフレーズ
トヨタ	ALLION	ALL in one
	ALPHARD	最高の自分を演出する
	bB	ユニークしてる？
	FunCargo	携帯空間
	ISIS	Your OASIS
	ist	くすぐるスタイル
	MARK X	私の真ん中に、俺が帰ってくる。
	NOAH	ノアなら、かなう夢がある。
	PRIUS	HYBRID FRONTIER
	PASSO	トヨタ最小！プチトヨタ
	SIENTA	瞬間　楽ノリ　3列
	Vitz	Very Vitz
	VOXY	I am a father.
	WISH	WISH Comes True.
日産	cube	Cube. My room.
	ELGRAND	FIRST CLASS on the ground.
	LAFESTA	OPEN feeling
	LATIO	The Daily Modern.
	LIBERTY	パパ、ママ、リバティー
	MARCH	Friendly.
	NOTE	自由自在。
	SERENA	BIG! EASY! FUN! ボックス
	TEANA	クルマにモダンリビングの考え方
	TIIDA	Compact meets Luxury.
	X-TRAIL	the Tough Gear
HONDA	ACCORD	全身、全域、Hondaイズム
	AIRWAVE	空と走るワゴン
	EDIX	並んで、走ろう。
	ELYSION	Shall we cruise?
	Fit	Big Performance
	LIFE	ホンダフルLIFE
	MOBILIO	I have a family
	ODYSSEY	NEXT PROPORTION
	STEP WGN	HOP! STEP WGN
	STREAM	流線スポーティ・ミニバン
	VAMOS	ポケバス、バモス。
三菱	COLT	まじめまじめまじめ
	ek wagon	新・軽基準
ダイハツ	MOVE LATTE	私のおおらかスモール
	TANTO	親子にピッタント
スバル	IMPREZA	ちょっと、刺激をくれないか。
	FORESTER	世界が選んだ進化
	R2	こう見えても軽なのでR2
スズキ	EVERY WAGON	軽ミニバン
マツダ	DEMIO	したいコトしたいから。
	PREMACY	みんなの楽しいが1つになる。
	VERISA	見とれるほど、ベリーサ

キャッチフレーズを含めて広告表現は、商品に共感させ、記憶させ、商品のもと（店頭）にいざなうためにあります。手段です。目的ではありません。目的はあくまで商品名の記憶、といって過言でない。

さて。では、表の中のひとつ、何でもいいのですが、キャッチフレーズに共感してネーミングを覚えたとして、はたしてその車に到達できるでしょうか。

たとえば、
「I am a father.」
というキャッチフレーズが気に入った。子供とかっこよく戯れる今ふうのお父さんの映像は、私が求めているライフスタイルだ。週末に、このクルマの試乗に息子と一緒に行ってみよう、とあなたが思ったとしよう。

さて、その週末、その車のネーミングを「VOXY」と覚えていられるだろうか。

そういえば、
「I have a family.」
というキャッチフレーズの車もあった。あれもヤングファミリーが登場するCMだった。「MOBILIO」の広告です。さっきのお父さんは、記憶が曖昧になってきて（28ページ参照）、こっちの「MOBIRIO」を試乗しに行ってしまわないだろうか。心配になってくるのです。

車種の数だけキャッチフレーズとネーミングがある。つまり2倍の言葉情報が市場にあるから、こういう混乱がおこるのです。

「PRIUS」の広告では、手塚治虫を使って未来感を訴え、
「21世紀に間にあいました」
というキャッチフレーズで登場しました。「PRIUS」は電気とガソリンで動くハイブリッドカーです。その特長を表出するネーミングではあ

あなたが空想したクルマです。
21世紀に間にあいました。
ハイブリッドカー
プリウス誕生

りませんから、キャッチフレーズをはじめとする手練手管で、そのセールスポイントを訴えました。何億、何十億の広告費を投入して。

しかし、今でも「ＰＲＩＵＳ」がハイブリットカーであることの認知は１００％ではないでしょう。

それはなぜか。ネーミングが記号にすぎないからです。ネーミングが何も語っていないからです。もしネーミングがハイブリットを示唆するものだったら、認知はもっと早かったに違いない。あれほどの画期的な車なのに、ネーミングを記号的な言葉に留めてきたのはなぜでしょう。

◎ネーミングは、すっぴんへ

かつてマツダの女性向けバージョンの「ＣＡＲＯＬ」を「すっぴん」というキャッチフレーズで打ち出したことがありました。

商品特性を実に見事に表現した強いネーミングです。

余計な装飾、オプションを廃したシンプルな車。化粧をしていない素朴なＣＡＲＯＬ。乗る人も気取らないで素顔のままで乗ってほしい。ありのままのあなたのままで——。

「すっぴん」はその両方を言い当てている。訴えている。なのに、ＣＡＲＯＬだということが覚えていられない。１週間も経てば、ＣＡＲＯＬだっけ、ＭＡＲＣＨだっけ、ＬＩＦＥだっけ、何だ

っけ、となるのではないですか。いっそ

「すっぴん」

というネーミングにしてしまったら、そういう迷い、惑いがなくなるのに、と私は思いました。そうあちこちで言ったら、こんな反応が返ってきました。

高額耐久消費財だからなあ、そんな軽率なネーミングはつけられないよ。

やっぱりイメージの記号的なネーミングで打ち出して、キャッチフレーズやデザインで勝負するべき、という意識がまだまだクルマ業界では根強いのです。

かつて、家電の主役のテレビや洗濯機は、いまのクルマと同じ地位にいた、ということを思い出してほしいのです。

「王朝」「嵯峨」「名門」などというネーミングはテレビだったし、「青空」「琵琶湖」「銀河」「うず潮」は洗濯機でした。

それが80年代に生まれた「からまん棒」を契機にして、続々とキャッチフレーズ化しました。ネーミングが商品特性訴求型に変わっていく。「最洗ターン」が生まれ「アワッシュ」が現われ「画王」や「スゴイゾーン」の誕生を見る。

そしてやがて、「野菜中心蔵」に代表される面白ネーミング（惹句ネーミング）に進化していったのでした。

「切れちゃう冷凍」「時間半分水半分」「おいしさ逃しません」……これらのネーミング、どれも冷蔵庫や洗濯機のものなのです。ひと昔前だったら、食品ならともかく、家電の白モノのネーミングとしては考えられないネーミングです。

かつて「高額耐久消費財だから記号的なネーミングでよし」とされていた家電が、かように変化したのは、激しい開発競争の波にさらされたからでした。

きっとクルマも、遅れてその波を迎える。その

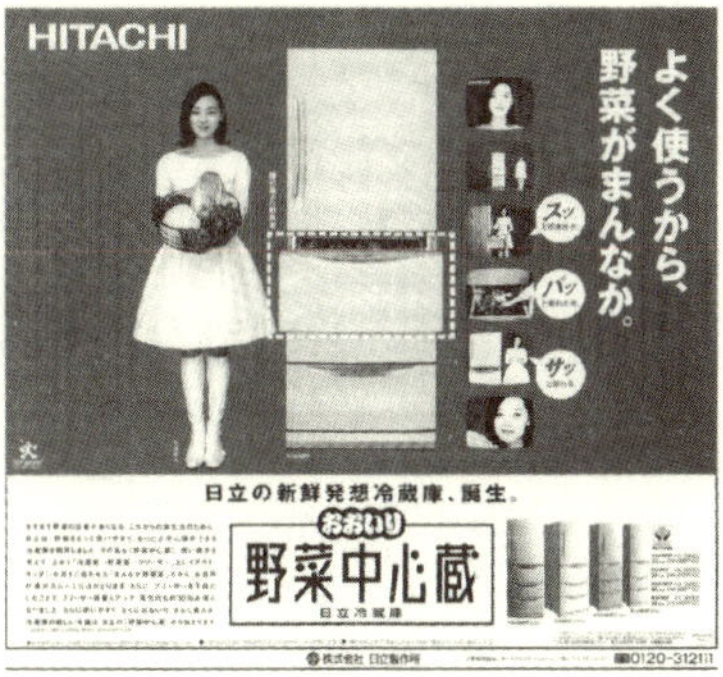

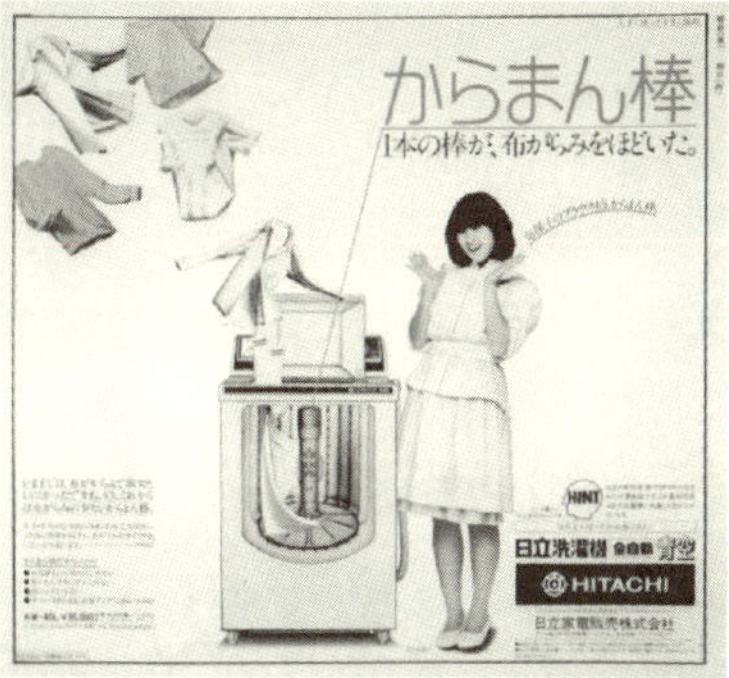

証拠に、キャッチフレーズ的なネーミングの兆候が、こんなネーミングにかいま見えるのです。

「NAKED」

クルマも素材的な裸のクルマであると同時に、乗る人も裸の気分で乗ってほしい。というメッセージをこめた惹句です。

「MOBILIO」

モバイルである。ケイタイのように持ち歩く感覚のクルマ。モービルからモバイルへ、という意味を込めたネーミング。

「FIT」

洋服のようにあなたにフィットするクルマ。軽快なファッショナブルな個性のクルマ。その気分を訴えています。

競合他社との差別化、セールスポイントのアピールを強く押し出していて、従来の記号的なネーミングとは明らかに違います。

ところでしかし、どうしてクルマは英字なんで

しょう。日本語、日本字ではいけないのか。キャッチフレーズ化の問題とは別に気になる点です。

そんなことはあるまい。家電のように近い将来、日本語のネーミングのクルマがきっと生まれる。「NAKED」ならぬ「はだか」だの「すっぴん」だのという日本語のネーミングのクルマが現われるのを期待したい。楽しみではありませんか。

ちょうど20年前に、「からまん棒」を皮切りにはじまった、「ネーミングのキャッチフレーズ化」と同じことがクルマのネーミングで起こるのは、これから10年後くらいではないだろうか。

今は、そんな馬鹿なと一蹴されている現象が、必ずクルマのネーミングにも起こってくると私は信じています。

かつての洗濯機や冷蔵庫が気取りを捨てて、その特徴をやさしくわかりやすく、まるでキャッチフレーズのようなネーミングにしていったように、やがてクルマもそのレベルに降りてくるに違いありません。

話のなりゆきついでに、蛇足かもしれないけれど。日本語のネーミングと言えば、最近の傾向の顕著なものに、日本語の英字表記がある。たとえば、

「BOCO」

凹、である。ダイエット飲料のネーミングだ。凸な体が凹になる。

「TE-A-TE」

手当て、の英字表記。サプリメントガム。

「su・no・mo」

酢飲もう。これもダイエットサプリメントだ。

食品ばかりではない。

「COLEZO!」

CDのネーミング。これぞクラシック！　これぞジャズ！　といった具合に使うコレクションネーミングだ。

「SUQQU」

化粧品のブランドネーミング。スックと立った姿勢。女性の生き方の表現だそうだ。

「ICOCA」

は関西地区のJRプリペイドカード。だから、関西弁の「行こか」。そのローマ字表記でっせ。

ちなみに関東では

「SUICA」

「すいすい通れるカード」を短縮化し、英字表記。

「ASTELLAS」

は、合併した製薬会社の新社名。「明日照らす」である。

こうした和語の英字表記は、グローバル化するマーケットへの、ネーミングの新しい挑戦かもしれません。

「SUSI」や「TOHFU」や「KABUKI」や「EDAMAME」がアメリカで通じるようになったように。

「もったいない」という言葉が国連で提唱されて次第に国際的に一般化しつつあるように。

これら日本語の海外進出を睨みながら、一見日本語に見えないくらい読みやすい英字表記の日本語をネーミングにすることで、表現の垣根を、取り除こうとする傾向が見てとれるのです。

ネーミングのシステム化

とまれ、モノの数だけネーミングがあり、コトの数だけネーミングがある。そのネーミングの海の中で、自己表現をしていくこと。他者と差別化することと。そのことがネーミングに化せられたミッションに違いなかろう。

多様化、多角化する情報化時代の尖兵。それが、これからのネーミングに課せられた使命なのである。ネーミングの惹句化。キャッチフレーズ化。その大きな波に乗りつつ、多様なレトリックが繰り広げられていくのが、明日のネーミングの位相に違いないのだ。

かつて山本権兵衛は、ネーミングの役割の重要性をいち早く認識して、大日本帝国海軍の軍艦のネーミングを次のように定めた。

戦艦は、国名。すなわち「大和」「武蔵」「加賀」「陸奥」……。

第一巡洋艦は、山の名前。すなわち「赤城」「鳥海」「麻耶」……。

第二巡洋艦は河川の名。すなわち「天龍」「利根」「最上」……。

駆逐艦は、形式によって「雪の名」「雲の名」「波の名」「霧の名」というシステマティックなネーミング体系をとった。ネーミングが戦争をしたのである。戦争にネーミングが機能したのである。分秒を争う戦争の現場で、ネーミングを発信することで全艦隊のフォーメーションを、すべての兵士が即座に正確に認識できたのである。たとえば、

「中央に武蔵、その左舷に赤城、右舷に麻耶。前方を初雪と東雲と敷浪と朝霧が横隊を組んで進め」

と打電すれば、戦艦と巡洋艦と駆逐艦のフォーメーションが脳裏に鮮やかに瞬時に浮かぶのである。ネーミングのまさに画期的な機能の発見だったのです。

その歴史は「ネーミングとは何か」を考えるとき、実に示唆的だ。

ネーミングは今、そしてこれから、情報戦争という名の戦場で戦う尖兵だからである。マーチャンダイジングや広告の世界で、戦略とか作戦とかターゲットとか、戦争用語が比喩的に通用しているのは、実に示唆的と言えるでしょう。

このネーミングシステムは、今述べた機能性とは別にもうひとつ示唆に富んでいます。このシステムがこれからのネーミングにあるひとつの方向を示しているのです。それは、ネーミングとブランディングの関係についての示唆でもあるのです。

戦艦大和

◆大日本帝国海軍のネーミングシステム

体系語の変わった例に、戦艦の名前があります。以下、主なものを挙げてみます。

・戦艦：昔の国名 - 大和・武蔵・陸奥・加賀など
・第一巡洋艦：山の名前 - 赤城・鳥海・摩耶など
・第二巡洋艦：河川の名前 - 天竜・利根・最上など
・一等駆逐艦：（形式によって）
　雪の名前：白雪・初雪・吹雪・深雪
　雲の名前：群雲・東雲・薄雲・白雲
　波の名前：磯波・浦波・綾波・敷波
　霧の名前：朝霧・夕霧・天霧・狭霧
・二等駆逐艦：植物の名前 - 梅・榎・若竹など
・砲　　艦：名所旧跡 - 赤石・橋立など
・水　雷　艦：鳥の名前 - 小鷹・白鷺・など
・潜　水　艦：記号 - イ号・ロ号・ハ号など

ネーミングだけで、艦隊の構成、各艦の機種、規模、機能などが瞬時にしてわかります。ネーミングが勝敗を分けるポイントになるということです。軍隊はすべての点で進化の母と言われますが、ネーミングも例外ではありませんでした。この知恵は、現代のマーケティングに、戦略に、そのまま活かせるのではないでしょうか。

ちなみに、この軍艦ネーミング・システムを確立したのは、帝国海軍の父と言われた山本権兵衛。明治三十八年に初案を作り天皇の決裁を仰いだと伝えられています。

以来、艦のネーミングは天皇にプレゼンテーションして決めたというから、ネーミングの重要性がことほどさように重要と認識されていた証左でしょう。けだし、先見の明であります。

◎ネーミングを束ねるブランディング

大日本帝国海軍のようなシリーズ・ネーミングの手法を徹底的に実践しているのは、欧米のクルマでしょう。

たとえばBMWは基本的に、排気量をランク別に分類した3、5、7のシリーズを中心に置き、その周辺にスポーツバージョンのZ、Mなどを配している。それ以外によけいなネーミングはなく、すべてBMWなのです。

メルセデスもまた然り。Aからはじまって、C、E、Sと排気量があがっていく。そして、クーペのCなど、いくつかのバージョンを持ちながら整然と体系をなしている。

そのクルマが、ベンツ全車の中のどこに位置しているかが歴然とわかるように、実に見事に設計されているのです。

こうした発想が、日本のクルマには現状では希薄で、ひとつのクルマが生まれるたびにネーミングが考えられつくられるため、全体を立体的に構築するネーミング・システムの生まれようがないのです。

強いてシステム性を感じさせるものを挙げれば、三菱の「PAJERO」くらいでしょうか。「PAJERO」の小型バージョンが誕生したとき、それぞれを排気量（＝大きさ）別に、

「PAJERO Jr」
「PAJERO MINI」

とした。

ちなみに「MINI」は、黄色ナンバーの軽自動車です。軽自動車が規制緩和でブレイクすることを期待して、他社がいっせいに新ネーミングで打ち出した中で、三菱だけはわかりやすさで勝負に出たのでした。

ネーミングというものは商品が生まれたときにひとつずつつくっていくものですから、仕方がないと言えば仕方がないのですが、ふと気がつくと

◆BMWとベンツのネーミング体系表

BMW		MERCEDES-BENZ	
3シリーズsedan	318i sedan	A-CLASS	A 170
	320i sedan		A 170 ELEGANCE
	323i sedan		A 200 ELEGANCE
	325i sedan	C-CLASS SEDAN	C 180 KOMPRESSOR
	328i sedan		C 200 KOMPRESSOR
	330i sedan		C 230 AVANTGARDE
	330xi sedan		C 280 AVANTGARDE
3シリーズtouring	318i touring		C 280 4MATIC AVANTGARDE
	325i touring	C-CLASS STATIONWAGON	C 180 KOMPRESSOR
	328i touring		C 200 KOMPRESSOR
3シリーズcoupe	318i coupe		C 230 AVANTGARDE
	328i coupe		C 280 AVANTGARDE
	330Ci		C 280 4MATIC AVANTGARDE
3シリーズcabriolet	330Ci cabriolet	C-CLASS SPORTS COUPE	C 180 KOMPRESSOR
3シリーズti	316ti		C 200 KOMPRESSOR EVOLUTION
	316ti M-Sport package	E-CLASS SEDAN	E 280
	318ti		E 350 AVANTGARDE
	318ti M-Sport package		E 350 4MATIC AVANTGARDE
5シリーズsaloon	525i		E 500 AVANTGARDE
	528i	E-CLASS STATIONWAGON	S 350
	540i Hi-Line		S 500
	540i M-Sport		S 500 long
5シリーズtouring	525i touring	SLK-CLASS	SLK 280
	528i touring		SLK 350
	530i touring	SL-CLASS	SL 350
7シリーズsaloon	735i		SL 500
	740i		SL 600
	750iL	CLK-CLASS COUPE	CLK 200 KOMPRESSOR AVANTGARDE
	L7		CLK 350 AVANTGARDE
M3	M3	CLK-CLASS CABRIOLET	CLK 350 CABRIOLET
M5	M5	CL-CLASS	CL 500
M coupe	M coupe		CL 600
M roadstar	M roadstar	CLS-CLASS	CLS 350
X5	X5 3.0i		CLS 500
	X5 4.4i	M-CLASS	ML 350
	X5 4.6is		ML 500
Z3	Z3 roadstar2.0	G-CLASS	G 320
	Z3 roadstar2.2i		G 320 long
	Z3 roadstar2.8		G 500 ong
	Z3 roadstar3.0i		
Z3 coupe	Z3 coupe3.0i		

ネーミングが無秩序に並んでいる、ということになりかねません。

一つひとつは研究され工夫され、吟味されてつくられているのだけれど、ずらっと並べて見ると、なんだか統一感がない。共通性がない。ネーミングを量産している大企業になるほどその傾向があって、今や悩みの種です。

会社の戦略統一より、むしろ商品ごとの戦略を中心に繰り広げられている現在のブランディング。商品ごとで勝負、というマーケティングの考え方が主流です。

いきおいネーミングも、一つひとつが独立した個性で勝負するという傾向が強いのは無理もありません。

しかし、それでいいのかという疑問を持ちはじめている企業が近年増えてきました。なんらかの形でその会社の特性、個性を表出していく、あるいは、商品群としての統一イメージを出していく――そのことによってアイデンティティを強め、相乗効果でブランドイメージを拡張していこうという指向です。

クルマの世界でも、その気配が皆無というわけではありません。よく知られたことですが、トヨタはCから始まるネーミングが多いと言われる。

ＣＲＯＷＮ
ＣＯＲＯＬＬＡ
ＣＯＲＯＮＡ
ＣＡＭＲＹ

しかも、どれも「冠」なんですね。「ＣＲＯＷＮ」は「王冠」、「ＣＯＲＯＬＬＡ」は「花の冠」、「ＣＯＲＯＮＡ」は「光の冠」、そして「ＣＡＭＲＹ」はずばり「冠」。こう見てくるとトヨタ車のネーミングに対するある意図がくっきりと見えてきます。

Ｃを冠とした「冠」。

それがトヨタ車のネーミングに対するイメージ設定だということがユーザーに伝わります。Cが頭文字ということだけで言えば、もっとあります。

CARINA
CRESTA
CHASER
CENTURY
CELICA
CELSIOR
CALDINA
CYNOS

ここまでやられると他社は、Cを頭文字としたネーミングのクルマを出すわけにいかなくなる、いや出しにくくなるのは確かでしょう。最近ではあまりに車種が増えすぎて、この体系を踏襲しきっているとは言えませんが、今でも相当意識している気配があります。

トヨタにここまでやられると、ホンダは違った土俵で勝負してきます。

ACCORD
PRELUDE
CONCERTO
BEAT

かまわずCを使っているのもありますが、さあ、これらの共通点、わかりますか。

アタマから、和音。前奏曲。協奏曲。拍子。いずれも音楽用語です。あらためて言われなければ、あ、そうか、と気がつかない弱みはありますが、努力はしている。

いまだ商品特性でネーミングを打ち出す気配の薄い車業界。まだまだイメージ中心のネーミングたちは、せめてこうしたイメージの統一、ネーミングの位相を合わせるというブランディングが、必須ではないでしょうか。

◎システム化はブランディングの要

この問題は、実はクルマのネーミングに限ったことではありません。大企業になればなるほど、ネーミングの無秩序な氾濫、繁殖が横行することになり、各社とも悩みの種になっています。

まだそれでも、クルマは1品種が大規模で、そうそう多品種の新製品が生まれるわけではないけれども、家電や食品などの大会社は各事業部ごとに、よく言えば自由に自立して商品開発が行なわれているため、システマティックな管理がしにくい。

そのため、ネーミングの無秩序が生まれやすいのです。

企業の規模の大小にかかわらず、ここはひとつ、ネーミングの統合管理を行なう部門を設置する必要があるのではないでしょうか。

知的財産課といった部署はかなり多くの企業で存在するが、そこはあくまで特許や商標登録などの法的な業務を司るだけです。ブランディングの基礎、マーケティングの根幹としての、ネーミングシステムを管理する部門の設置をお勧めする次第です。

そんなものをつくって、何が可能か。あるいは、ネーミングの混乱の解決になるのかといった疑問はもっともです。システム化といっても、業種によって事情も違うし、各社の方法論はそれぞれ多岐にわたるだろう。全部が全部、ＢＭＷやメルセデスと同じようなネーミング・システムというわけにもいかないでしょう。

ついでに、ネーミングのシステム化の位相を他の分野でも見ておきましょう。あちこちにその萌芽の気配がないわけではありません。

「花王ラビナス」という毛染め剤はかつてストリート・シリーズでネーミングを展開しました。いわく、

渋谷ゴールド
代官山スモーキー
原宿カッパー
青山アッシュ
東京ブラック

色と街を組み合わせたネーミングは花王だ、というイメージ浸透を総合的、相乗的に狙っていた。ネーミングによるブランディングの、賢い典型と言ってもいいでしょう。

ちょっと話しは戻りますが、アタマを同じ頭文字で統一するという単純な方式では、松下が先輩格かもしれません。

PANASONIC
PANACOLOR
PANAHOME
PANALOOK

と「PANA」でブランディングを試みたのはずいぶん昔のことです。この「PANA」を眺めていたら、こんな映画の題名を思い出しました。

「沈黙の戦艦」「沈黙の要塞」「沈黙の……」
「大脱走」「大追跡」「大頭脳」「大……」

といった枕詞のついた映画のタイトルネーミング。あれらはシリーズネーミングの元祖かもしれませんね。

そういえば昔、アボット・コステロコンビのの凸凹シリーズなんてのもあったっけ。

脱線ついでに、エラリー・クイーンの「Xの悲劇」「Yの悲劇」「Zの悲劇」、アガサ・クリスティの「地中海殺人事件」「ナイル殺人事件」「オリエント急行殺人事件」などの小説題名も、考えてみればネーミングのシリーズ化、システム化の参考になるかもしれません。

ところで、サッカーのチーム名やプロ野球のチーム名は、なにか統一した基準があるのかしらん。

約束事があるのだろうか。

まず、プロ野球。セントラルリーグは動物名称ですね。

「阪神タイガース」「中日ドラゴンズ」「広島カープ」「ヤクルトスワローズ」。

「読売ジャイアンツ」……はちょっと、どうなんだ。動物といえなくもないけれど。

そして、「横浜ベイスターズ」は、完全に裏切っている。かつては大洋ホエールズ。鯨だったから統一感があったのになあ。

パシフィックリーグはどうだろう。

「西武ライオンズ」「ダイエーホークス」は動物だけれど、「日本ハムファイターズ」はジャイアンツ同様、微妙。「ロッテマリナーズ」は海の男かい……。

新しく加わった「楽天ゴールデンイーグルス」は、律儀に動物名で誕生したが、まあ、パ・リーグは全体的にセリーグよりさらに乱れつつあると言えますね。

軍艦の統一性の真逆。不統一の見本としてゆっくりご覧ください。

サッカーはすごいです。もうメチャクチャ。統一も何もありません。勝手気ままにネーミングしちゃった。

「サンフレッチェ広島」

こんなのアリ？　と、はじめてその由来を聞いたとき目と耳が点になりました。参考までにネーミングの一覧表を次に。面白いといえば面白いけれど、なんとも無秩序です。


という次第で、差別化とイメージの統一。シリーズネーミングでめざすブランディング構築。これらが、これからのネーミングの重要な課題となっていくことでしょう。

◆Jリーグネーミング表

J1	
鹿島アントラーズ	ANTLERは英語で「鹿の枝角」の意味。鹿島神宮の鹿にちなみ、枝角は茨城県の「茨」をイメージしたもの。鹿は親しみのある動物として愛されており、また、武器である枝角は鋭く強いもので、勇猛果敢に戦い勝利を目指すチームを意味する。
浦和レッズ	クラブ名は浦和レッドダイヤモンズ。「ダイヤモンド」がもつ最高の輝き、固い結束力をイメージし、クラブカラーの「レッド」と組み合わせた名称。2001年5月にホームタウンが「さいたま市」になったが、それまでの「浦和市」の名称をそのまま使用。多くのファン、サポーターからは、「浦和レッズ」の呼称で親しまれている。
大宮アルディージャ	アルディージャとは、「リス」を意味するスペイン語（スペイン語読みではアルディーリャ）。リスは大宮市（現さいたま市）のマスコット的存在であり、地域に密着した愛される存在になることを願ってつけられた。また、「リスのようにスピーディーにフィールドを駆け回り、フェアでアグレッシブなサッカーを展開し、多くの勝利・感動をファンに与えるチームを目指す」という意図がある。
ジェフユナイテッド千葉	1991年、一般公募（応募総数 9,847通）にて決定。UNITEDは、ホームタウンとの結びつき、チームの協調・連帯感を表現している。
ＦＣ東京	都民各層から幅広くサポートされる「都民のためのＪクラブ」を目指す観点から、ホームタウン名「東京」を入れた、シンプルで誰にもわかりやすく、なじめるものとした。
川崎フロンターレ	フロンターレはイタリア語で「正面の」「前飾り」の意。常に最前線で挑戦し続けるフロンティアスピリッツ、正面から正々堂々と戦う姿勢を表現したもの。加えて、日本の正面に位置する臨海都市「川崎」とともに歩んでいく思いが込められている。
横浜Ｆ・マリノス	マリノス（MARINOS）とは、スペイン語で「船乗り」のこと。7つの海を渡り、世界を目指す姿と、ホームタウンである国際的港町、横浜のイメージをオーバーラップさせている。
ヴァンフォーレ甲府	「ＶＥＮＴ（風）」「ＦＯＲＥＴ（林）」というフランス語を組み合わせ、「風のように疾（はや）く、ときには林のように静かに……」で知られる戦国時代の武将、武田信玄の旗印である「風林火山」に基づいている。
アルビレックス新潟	アルビレックスには「アルビレ（オ）（白鳥座の中の二重星を表わす）」と「レックス（ラテン語で王の意）」を合わせて、サッカー界の王者に向けてはばたくという意味が込められている。
清水エスパルス	S-PULSEのSは「サッカー、清水、静岡」の頭文字を取ったもの。PULSEは英語で「心臓の鼓動」の意味。サッカーを愛する県民・市民の胸の高鳴りとチームのスピリットを表現。
ジュビロ磐田	JUBILO はポルトガル・スペイン語で「歓喜」の意味。サポーターをはじめすべての人々に感動と喜びを与える。
名古屋グランパスエイト	GRAMPUSは英語で名古屋のシンボル「鯱」の意味。EIGHTは名古屋市の記章であり、末広がりを表わす。
京都パープルサンガ	PURPLEは前身の京都紫光クラブのチームカラーを引き継いだもので、SANGA（サンガ）は歴史ある寺院を多く擁する古都・京都とつながりの深い仏教用語。サンスクリット語で「仲間・群れ」を意味し、その2つを合わせたもの。
ガンバ大阪	GAMBAはイタリア語で「脚」の意味。サッカーの原点である「脚」によってシンプルで強いチームを目指す。また、「ガンバ」という響きは日本語の「頑張る」にも通じる。

セレッソ大阪	CEREZOは、スペイン語で大阪市の花である「桜」の意味。大阪市をそして日本を代表するチームに育つよう願いが込められている。
サンフレッチェ広島	SANFRECCEは日本語の「3」とイタリア語の「フレッチェ＝矢」を合わせたもので、広島に縁の深い戦国武将、毛利元就の故事に由来し、「3本の矢」を意味。
アビスパ福岡	AVISPAはスペイン語でハチを意味する。「ハチ」の持つ特性「集団行動性」「俊敏性」が、クラブの目指すサッカースタイルである「軽快で統制のとれた多様なグループ攻撃」を象徴する。
大分トリニータ	クラブ運営の3本柱である県民、企業、行政を表す三位一体（英語でトリニティ／Trinity）に、ホームタウンの大分（Oita）を加えた造語。
J2	
コンサドーレ札幌	「どさんこ」の逆さ読みに、ラテン語の響きをもつ「オーレ」をつけたもの。
ベガルタ仙台	全国的にも有名な仙台七夕をその由来とし、七夕の織り姫“ベガ”と彦星“アルタイル”が出会うという伝説から、合体名を制作。 これは「県民市民と融合し、ともに夢を実現する」ことを意味する。地域のシンボルとなる親しみ、誇り、輝きを放ちながら、多くのスポーツを通じて広く地域への貢献を希望する。
モンテディオ山形	イタリア語の「ＭＯＮＴＥ（山）」と「ＤＩＯ（神）」を組み合わせた造語で、「山の神」を意味しており、拠点とする山形県の霊峰出羽三山（月山、湯殿山、羽黒山）と、頂点を目指すチームを表わしている。
水戸ホーリーホック	ホーリーホックとは、英語で「葵」を意味し、徳川御三家のひとつである水戸藩の家紋「葵」にあやかったもの。だれからも愛され親しまれ、そして強固な意志をもったチームになることを目標にしている。
ザスパ草津	英語で温泉を意味する「スパ」からとったもので、チーム名そのものがチーム誕生の地、草津温泉を表わしている
柏レイソル	スペイン語の「REY」（王）と「SOL」（太陽）を合体させた造語で太陽王の意味を持つ。王の偉大さと厳しさを備えながらも優しさや親しみやすさをも兼ね備える。
東京ヴェルディ1969	ポルトガル語で「緑」を意味する「VERDE」から生まれた造語。
横浜ＦＣ	地域に密着したクラブづくりをめざすため、覚えやすいネーミングに。また、心地よい響きとなるにちがいないと考え命名。
湘南ベルマーレ	ラテン語のBellum（ベラム／美しい）とMare（マーレ／海）から、湘南の「美しい海」をイメージしている。
ヴィッセル神戸	VISSELは英語のVICTORY（勝利）とVESSEL（船）から生まれた造語。「勝利の船」「勝利の船出」を意味し、国際港神戸をイメージするとともに、市民の夢を乗せた「大きな船」であること、勝利に挑戦し続けるチームであることへの願いを込めている。
徳島ヴォルティス	イタリア語で「渦」を意味する「ＶＯＲＴＩＣＥ」から生まれた造語。豪快な鳴門の渦潮にあやかり、パワー、スピード、結束力を備え、観客を興奮の渦に巻き込む思いがこめられている。
愛媛ＦＣ	愛媛県全域をホームタウンとする愛媛ＦＣ。県民の皆様に夢・感動・希望を与えられるチーム、そして愛されるチームづくりを目指すべく、ホームタウン名を入れたシンプルかつなじみ深いチーム名とした。
サガン鳥栖	長い年月をかけて砂粒が固まって砂岩「サガン」となるように、一人ひとり、小さな力を結集し立ち向かうことを意味する。「佐賀の」という意味にも通じる。

洋画のタイトルは、なぜカタカナだらけ？

映画のタイトルって、あれもネーミングでしょう。映画だって商品だから、題名は商品名に違いない。ところで、世にカタカナネーミングはけっこう蔓延しているけれど、映画界ほど見境なくカタカナ化しているさまは、他にない。目を見張るばかりだ。

「キャッチ・ミー・イフ・ユウ・キャン」という映画の題名を見たときには、目が点になってしまった。かねがね洋画のタイトルにカタカナが多いと思ってはいたのだが、ここまでくると、おいおい宣伝部では洋画のタイトルを翻訳しないことにしたのかい？　と聞きたくなる。カタカナの方が若者に受けがいいのだと、ある配給会社の弁を読んだことがあるが、それにしても。

「マトリックス・リローデッド」「ロード・オブ・ザ・リング」「サイドウォーク・オブ・ニューヨーク」……日本語に置き換えたっていいだろうに、と思えるものまで、英語のままのカタカナ表記というネーミングが、次々と続く。

かつては、「THE QUIET MAN」を「静かなる男」、「HIGH NOON」を「真昼の決闘」、と翻訳しただけでなく、「WATERLOO BRIDGE」を「哀愁」、「BONNIE AND CLYDE」を「俺たちに明日はない」と意訳、あるいは翻案する努力をしたもんだ。

それがいまやカタカナだらけである。日本語放棄と言ってもいい。

映画ばかりかと思っていたら、サリンジャーの「ライ麦畑でつかまえて」の村上春樹訳、ベストセラーとなったそのタイトルが、なんと、英語の原題そのままをカタカナ表記した「キャッチャー・イン・ザ・ライ」。

村上さんも、映画会社の人と同じように、カタカナがナウイんだよ、などと言うのだろうか。

The Catcher in the Rye
J.D.Salinger
キャッチャー・イン・ザ・ライ
J.D.サリンジャー
村上春樹訳

3章 ネーミングの設計

①製品特性の抽出

さあ、いよいよネーミング作業のはじまりはじまりです。

すでに述べたように、マーケティングの流れの中の、商品企画が終わったところからが、ネーミング作業ということになります。

製品は生まれました。でもまだ名なしの権兵衛です。名前はありません。何と呼んでいいのか、それを知るすべはありません。

名なしということは、まだ商品ではありません。いまだ製品にすぎない。生まれたばかりの赤ん坊に等しいのです。

さて、新製品を前にして、最初にすべきことは何でしょう。

いきなり言葉探しをすることではありません。まずはその製品を徹底的に分析すること。それが最初にすべき作業です。家を建てるのにいきなり壁や屋根をつくりはじめる大工さんはいません。まずは設計図をしっかり描くことが肝要です。

そのための製品特性の抽出。いわば、商品企画の復習です。製品の味は？　色は？　香りは？　原料は？　産地は？　技術的な特長は？

たとえばそれが焼酎だとしたら、「芋なのか米なのか？　どこの芋？　どこの米？　水は天然水か深海水か？　それとも蒸留水？　醸造法に特長は？……。なに、佐賀の米焼酎と鹿児島の芋焼酎をミックス？」なんてケースが実際あって、その

製品特性の抽出
マーケット・コンセプトの確認
ターゲットの把握
ネーミング・アプローチの設定
キーワード探索
ネーミング開発
チェックポイント検証
商標調査
プレゼンテーション
ネーミング決定

製品特性から、

「隆盛と重信」

という新焼酎のネーミングが生まれました。一例です。鹿児島出身の西郷隆盛。佐賀出身の大熊重信。2人の名前を取ったネーミングです。なるほど、でしょう。これなんか、製品の成り立ちからネーミングを設計した好例です。

そんなわけで、製品特性の分析はネーミングづくりの重要な入り口となるのです。

次に、製品の性質、イメージも重要なネーミングの要素です。

味は甘口なのか、辛口なのか？　さっぱり系か、しっかり系か？　色は？　透明感はどうか？　形は○か□か？　山のイメージか海のイメージか？　それとも空か？　明るい味わいなのか？　深いしみじみした味わいだろうか？

そういったイメージや性質がネーミングのトーン＆マナー（調子）に大いに関係します。

②マーケティングコンセプトの確認

次は、その新製品が市場でめざすべき方向性の見極めです。

その新製品と同じカテゴリーの商品がどんな売られ方をしているのか、どう似ていて、どこが違うのか、他のカテゴリーの商品と競合しないのかどうか――。

たとえば、これから発売しようとしている製品が紅茶だとしたら、日本茶や烏龍茶も競合相手ではないでしょうか。検証の必要性はある。どんなネーミングがあり、その中で今一番売れている商品のネーミングの傾向は何か、といった検証が必要です。

「おーい お茶」
「あなたお茶よ」
「お茶ですよ」
「お茶どうぞ」
「お番茶どす」

一時期こんなに似たネーミングが氾濫していたことがあるんですよ。

「爽健美茶」
「爽美快茶」
「茶流彩彩」
「宝健爽茶」

商品の特徴の違いを表出しているネーミングも垣間見られますが、似たりよったりのネーミングが氾濫してしまった。

次のお茶などは、柳の下のどじょうねらいが見え見えではありませんか。

「のほほん茶」
「さらら茶」
「すらっと茶」
「りらく茶」
「なごみ茶」

こんなにひどい類似に陥ったのでは、新たに登場させる意味がない。

これから出そうとしている製品が、紅茶だろうとコーヒーだろうと、もちろんお茶ならなおのこと、これらのネーミングを、しかと頭の中に叩き込んでおかなければなりません。

さらに、その商品に季節はあるのか。これを楽しむ時間は、夜なのかそれとも午後なのか、といったことも検証の必要があります。お酒や焼酎ならまさか朝の訴求はないだろうけれど、紅茶などでは、時間も重要な戦略となります。

「午後の紅茶」などは、時間がネーミングのテーマになっていました。朝飲んで悪いことはないのだけれど、あえて「午後」と規定してしまう。そのことで製品の性格がくっきりするのです。ネーミングが具体的になる。

場所はどうなのだろう。家で楽しむのか、ドライブのお供なのか、通勤の途中なのか……。

それらコンセプトの違いにによって、店の種類や、同じ店でも売り場が違ってくるということさえ起こります。そして、ネーミングのつくり方もすっかり変わってしまうのです。

③ターゲットの把握

マーケティング戦略で一番大切なことは、ターゲットの認識でしょう。

誰に買ってもらいたいのか。誰が販売対象なのかが、マーケティングの、そしてネーミングづくりの重要な課題となります。

その製品を買ってほしいのは、若い層なのか、年配層か。男か女か。都会の人なのか、地方の人なのか。

サラリーマンなのか。ブルーカラーなのか。大学生なのか、高校生なのか。

ターゲットを設定することで、売り方が違ってきます。売り方が違うということは、とりもなおさずネーミングが違ってくるわけなのです。

広告の表現を考えるとき、1人の人物を仮想設定することがよくあります。たとえば、「私学出身の32歳の男性。IT関係のベンチャー企業に就職して、3年前に社内結婚。共稼ぎのいわゆるDINKS。当分子供をつくる気はない。住まいは都心の高層マンションの賃貸2DK。クルマはBMWの3シリーズ。週に一度スポーツクラブに通っている」といった具合です。

ある程度具体的なコンシューマーイメージを設定しておいて、その人物に向けての広告表現を考えていく。

それと同じ作業を、ネーミングの段階でやっておくと、姿形のくっきりしたネーミング案が生まれやすいのです。だから私は、この方法を採ることがしばしばあります。

思い切って女性を狙ったお酒、「ウメッシュ」なんていうのもあるでしょう。男性が飲んでいけないことはないけれど、あえて女性をターゲットにして新たなアピールをするという、戦略的な意図を持って発売することだってあるのです。

例えば、低アルコールビールを開発した。軽い。酔わない。肥らない。だったら、スポーツビールという売り方もあるし、昼のビールという打ち出し方もある。

ダイエットビールと銘打つことだってできるのに、あえて「女性に絞る」というターゲット戦略で市場に登場させた「ファーストレディ」というビールだそうです。

男性拒否のマーケティング戦略。

かくの如く、ターゲット設定は、マーケティング戦略のキーであり、ネーミングづくりの重要な鍵となるのです。

④アプローチの設定

こうして、商品の骨格あるいはプロフィールをしっかりと把握したら、次はどのような方向性でネーミングを探していくかを設定します。やみくもにネーミングをつくりはじめるのではなく、どのような概念、どんなテーマでネーミングを試作していくのか。

この段階ではまだ、できるだけ多くの方向からトライしてみなければなりません。これを少し具体的に考えてみよう。

アプローチというのは、「方向」のことです。開発の方向。ネーミングを考える上でのさまざまな枝、と言っていいかもしれません。いろんな枝道に沿ってネーミングを考え、探っていくのです。

たとえば、大きな枝として基本的に次のようなアプローチが考えられます。

アプローチ①原料製法

アプローチ②ベネフィット

アプローチ③イメージ

アプローチ④ターゲット

アプローチ⑤ライフスタイル

食品なら食品の、カメラならカメラの、アパレルならアパレルの、

①製法、②ベネフィット、③イメージ、④ターゲット⑤ライフスタイル

が設定できるはずです。そして、それぞれの特性を具体的に規定していきます。こうした五つの方向でネーミングづくりをめざすアプローチ設定で、ネーミング制作の準備完了です。

もちろん、製品によっては、このアプローチのテーマが異なってくることもあります。その場合場合に対応して、アプローチを設定してください。

たとえば、ネーミングしようとしているものが、電気とガソリンの二つの燃料で走るハイブリッド・カーだとします。

まずは、次のようなアプローチが考えられませんか。

商品側の特性を強くネーミングに表出する方向としては、

①電気で走るということを前面に立てて考える方向

②異種混合交配（ハイブリッド）という概念を表現する方向

③小さくて速いという機能性を追求する方向

ユーザー側のメリットを訴求する方向としては、

①燃費が抜群に優れていることを表現する方向

②シティーカーの極めつけとしての表現をめざす方向

③未来のクルマというイメージで訴求する方向

とまあ、以上のようなアプローチが設定できるでしょう。商品特性②のハイブリッドの概念は、まだニュース性がある。これを、ユーザーを引きつける最大のセールスポイントであると判断すれば、どのネーミング案にも、それが表現されていなくてはならない。

そう考えて、その概念をすべてのアプローチに冠させると、もっと少ないアプローチに集約されるという考え方もあり得る。

また、「電気」という特質も、「未来感」というイメージも、「ハイブリッド」という概念に含まれているから、次の三つに集約することも可能です。

①ハイブリッド×小さくて速い

②ハイブリッド×低燃費

③ハイブリッド×シティーカー

あるいは、エコロジーが大きな関心事となっている時代性を重視すると、「低燃費」が中心にならなければいけない。

それが、今一番の訴求力になると判断すれば、

①低燃費×電気

②低燃費×ハイブリッド

③低燃費×小さくて速い

④低燃費×シティーカー

⑤低燃費×未来カー

という、五つのアプローチが考えられる。

このように、そのときの市場の状況、ニーズ、競合商品のあり方などによって、アプローチの設定の仕方は変わってくるのです。

ここでは、ハイブリッド・カーを例に、アプローチの立て方を試みてみましたが、商品によって、さまざまなアプローチの立て方が可能です。ケースバイケースで試みてほしいのです。

ところで、実作業でこうしたアプローチを設定する段階で早くも決断を下してしまう、という場合もあるんですね。

賢い決断。「この新製品は、製法をテーマに絞ってネーミングをつくる」と決断してしまえば、以下の無駄な作業をしなくてすみます。

ひとつに絞ることはなかなかできませんが、三つくらいに絞る、ということはしばしばあります。

この後のネーミングづくりを進めるうちに、この方向はないな、と気づくこともしばしばありま す。そんな時はそこで止めてしまう。そうなると作業はうんと楽になるのです。

いずれにせよ、早いうちの方向決定がネーミング作業の効率を上げる。このことは憶えておいてください。

商品によって、アプローチの具体的な立て方、決め方はそれこそ千差万別。さまざまな設定が考えられますが、しかしいずれにせよ、このアプローチという名の「ネーミング開発のための枝づくり」に失敗すると、とんでもない方向に行ってしまう。

ネーミングは、最後にはひとつに集約されるのですが、そこに至るまでには、無数の枝があるのです。

いろんな方向からアイデアを探って、最後にひとつの葉、ひとつの実を育て上げる。1個のネーミングに辿り着く。それがネーミングの作業なのです。だからこそ、慎重に慎重に、アプローチ＝枝を設定しなければならないのです。

4章 ネーミングの制作

キーワードの探索

アプローチが設定できたら、さて次は言葉探しに入ります。

ネーミングをつくりはじめるのは、まだまだ先の話です。自分の貧しいボキャブラリーや直感に頼って、いきなりネーミングをつくりはじめないことです。最初は文字どおり、探索。キーワードの探索をひたすら続けます。

キーワードとは、ネーミングをつくる元であり、原料といえばわかりやすいでしょう。

コンクリートにたとえると、砂や小石やセメントなどのことです。料理で言えば、カレーをつくる前に、じゃがいも、にんじん、玉ねぎ、肉、小麦粉、カレー粉といったものを買い集める作業でしょう。

いわば、ネーミングをつくるための素材集めなのです。

私の事務所では、この作業を〝取材〟と呼んでいます。何人かのコピーライターが手分けして、まず言葉の取材に没頭する。雑誌の記事を書く作業に似ているかもしれません。それまでの取材の厚さで、記事の出来不出来が決まる。ネーミングの取材も同じなのです。

取材の手はじめは、どこからでもいい。そのアプローチに該当しそうな言葉を、いろいろな分野から探すのです。

漢字、カタカナ、英語、ドイツ語、イタリア語、フランス語……いろいろな言語の中から探していく。

商品の特性によっては、スワヒリ語、ポリネシア語といったものまで探索します。

たとえば、「明るい」というアプローチなら、その概念を表す言葉。類語辞典が役立ちます。
漢字やカナなら、
陽、日、輝、光、耿耿、燦燦、灼熱、明朗、月、星、銀河、お日様、お天道様　ジリジリ、ぽかぽか、日向ぼっこ、眩しい、朗らか……
といった語があるし、英語で探索すれば
SUN、SHINE、SHINY、LIGHT、BRIGHT、SOL、SOLEIL、APOLLO、PROMETHEUS、STAR、GALAXY
といった語彙が、限りなく広がっていくでしょう。これらが後に、ネーミングの貴重な原料となるのです。

その一方で、言葉の探索のジャンルを広げていって、たとえば、「明るい」を表わす言葉が、以下のようなジャンルにないものだろうかと探していきます。

動物名、植物名、地名、神話、音楽用語、食べ物、スポーツ用語、数学用語、科学用語、コンピュータ用語、天文用語などまで、徹底的に幅広く探索していく。その商品に似つかわしいジャンルを押さえることはもちろん、とんでもないジャンルの言葉が、かえって目立って新鮮なこともあるから油断できません。

さらに、日常語、スラング、会話、感嘆詞といった、場面の違いによる文体の中からも、意外に魅力的な語彙が見つかることもあります。

言葉の探索は、名詞だけではありません。形容詞や感嘆詞、スラングだってネーミングの素材になるかもしれません。

探索の範囲をどこまで広げるかが、実は他との区別性、差別性を身につけた、個性的で力強いネーミングを生み出す土壌になるのです。

もちろん、他のさまざまなアプローチについても、同じような探索をしなければならないのは言うまでもありません。

六つのアプローチを設定したら六つのテーマを掲げ、四つのアプローチを立てたら四つのテーマを掲げて、それぞれキーワード収集していくことになるのです。

以上の作業のために、探索のための言葉のジャンルをできるだけ挙げておきます。あなたが担当する商品の特性から導いたアプローチと睨み合わせて、参考にしてください。

《ネーミング探索のための言葉群》

●人名

日本だけでなく、英語圏、フランス、イタリアなど。歴史上の人物の名前が役に立つこともありますし、架空の人物も要注意。「JAL悟空」なんてネーミングは、このジャンルから生まれたのでしょう。

●地名

街の名前、都市の名前、川や山、海の名前。小さな村や通りの名前が参考になる場合がある。

●動物・植物

魚の名前、架空の動物なども忘れずに。「ユニコーン」「ピピ」など。昆虫の名前など小さなものの名前が役に立つことも多い。

●自然

『空の名前』という有名な写真集がありますが、自然の中の名前や現象。海、風、波、音、光……海だけでも、無数の呼び方があります。

海浜、海岸、潮騒、深海、海淵、渚、海流、近海、遠洋、上げ潮、引き潮、満ち潮、ときりがありません。

名詞だけに目を奪われていると、肝心のキーワードを見落としてしまう。

●形容詞

ヨーロッパ系の言葉は、微妙に変化する。その変化がネーミングづくりの参考になる事もある。（例：ＲＥＤ・ＲＯＵＧＥ・ＲＯＳＯ）比較級や最上級、否定形や疑問形などもチェック。

●感嘆詞

驚き、疑問、歓び、興奮などを表わす言葉。「！」や「？」などの記号だって活用できるかもしれません。

「ＷＯＷＯＷ」なんて、感嘆詞そのもののネーミングではありませんか。

●会話語

「こんにちは」「またね」「やあ」といった日常的に使う言葉。そういえばビートルズの歌のタイトルで「ヤアヤアヤア！」というのがありました。

●料理用語

食品関係のネーミング作業には欠かせないカテゴリーです。開高健『書斎のポトフ』、『言葉のレシピ』（拙著）という本もあります。

●音楽用語

スラー、レガート、アンダンテ、シャープ、フラット、シンフォニー……音楽関係でない商品のほうが利用しやすい分野でしょう。

●スポーツ用語

ストライク、フルベース、ホームラン……野球だけでも無数に使える言葉がある。フック、スライス、ティーなどはゴルフ。こんな感じで探していく。

●ファッション用語

食品関係の商品にファッション用語が生きて、ファッション関係のネーミングに食品系の言葉が活かせる、ということが実は多い。他も推して知るべし。

●天文用語

マルス、サターンは惑星の名前、イオは衛星の名前。「ＪＲイオ・カード」「オリオン座」「月星シューズ」などは、このジャンルから生れました。

●医学用語

まさかという分野にもキーワードは隠れています。オペ、メス、エイド、ドクター、ナース、ホスピタル……ネーミングとは言えませんが「肝腎」なんて言葉も元を正せば医学用語ですよ。

　タイヤのネーミングに「ＤＮＡ」なんてありますが、これは医学、それとも科学用語でしょうか？

●化学用語

　「H^2O」というネーミングのバンドがありました。そういえば「H^2OFF」という素材のネーミングには感心させられました。「ＯＺＯＮＥ」という施設ネーミングもある。

●数学用語

　√gallery。画廊のネーミングです。プラスだのマイナスだの、シグマだのサイン、コサイン……むかし(E)（カッコイー）というラジカセがありました。

●軍事用語

「プライベイト・ライアン」のＰｒｉｖａｔｅは軍曹という意味と私的という意味を掛けていたこと、知っていましたか。かつて「バズーカ」というネーミングのスピーカー、ありましたね。

●ＩＴ用語

　まあ、電気関係全般でもいい。「アンプラグド」はクラプトンのアルバムのネーミング。Ｕｎｐｌｕｇｅｄ＝プラグを抜く、自由時間、といった意味らしい。

　ドットコム、ブラウザ、ネット、ウェブ……今やいろんな分野にその用語が進出して、一般化している。

●建築用語

●ダンス用語

●美術用語

　……などなど。

　この他にも、きりなく言葉のジャンルはあるのですが、大事なことは、自分なりにアプローチに沿って、ジャンルをたどること。それもなるべく、遠いジャンルに目配りすることが、ネーミングづくりの重要な要諦となるのです。

先述しましたが、こうしたキーワードの検索は、ちょうど記者がデータを集めるのに似ています。言葉の取材、と言えるかも知れません。記者が記事を書くのは締切ぎりぎり。それまではできるだけ幅広く取材しなければいけないのと同じです。

記者ならぬネーミングライターのあなたは、この検索、収集をアプローチごとに徹底的に行なう。ここから、もうネーミング作業ははじまっているのです。

◆スラングの一例（英語）

boo-yeah	やった！	lemon	欠陥車、欠陥品
baloney	戯言	mom-and-pop	夫婦（家族）経営の
big shot	おえら方・重要人物	no sweet	問題ない、心配ない
cakewalk	たやすい事	no way	だめだ
chum	親友	pasty	だまされやすい人
dude	おす！	rascal	ならず者
crackerjack	優れた人・物	razzmatazz	華々しい
dinky	小さい	scrub	キャンセルする
ex	別れた夫・妻	ten four	了解
goofy	間抜けな	uptight	非常に緊張して
hangover	二日酔い	you bet	確かに、もちろん、きっと
jackpot	大当たり！		

◆日常会話などの各国語一覧表の一例

	おはよう！	やあ！	はじめまして	こんばんは！
英	グッド・モーニング Good morning!	ハイ！ Hi!	ハウ·ドゥー·ユー·ドゥー How do you do?	グッド・イーヴニング Good evening!
独	グーテン・モルゲン Guten Morgen!	ハロー Hallo!	ゼーア・エアフロイト Sehr erfreut!	グーテン・アーベント Guten Abend!
仏	ボンジュール Bonjour!	サリュ Salut!	アンシャンテ Enchanté!	ボン・ソワール Bon soir!
伊	ブォン・ジョルノ Buon giorno	チャオ！ Ciao!	ピャチェーレ Piacere	ブォナ・セーラ Buona sera
西	ブエノス・ディーアス ¡Buenos dias!	オーラ ¡Hola!	エンカンタード Encaniado	ブエナス・ノーチェス ¡Buenas noches!
羅	サルウェー salve!	サルウェー salve!	ウト・ワレース ut vales?	サルウェー salve!
希	(現)カリメラ καλημερα	カイレ χαιρε	(現)ケロ・ポリ χαιρωπολυ	カリスペラ καλησπερα
露	ドーブライ・ウートラ Доброе утро	プリヴィエート Привет！	オーチニ·プリヤートナ Очень приятно！	ドーブルイ·ヴィエーチル Добрый вечер

	ようこそ！	すみません！	お元気ですか？	ありがとう！
英	ウェルカム Welcome!	イクスキューズ・ミー Excuse me	ハウ・アー・ユー How are you?	サンキュー Thank you!
独	ヴィルコンメン Willkommen!	エントシュルディグング Entschuldigung!	ヴィー·ゲート·エス·イーネン Wie geht es Ihnen?	ダンケ Danke!
仏	ビアンヴニュ Bienvenu!	エクスキュゼ・モワ Excusé-moi	サ・ヴァ Ça va	メルシー Merci!
伊	ベンヴェヌート Benvenuto!	スクージ Scusi	コメ・スタ Come sta?	グラツィエ Grazie
西	ビエンベニード ¡Bienvenido!	ディスクルペ ¡Disculpe!	コモ・レ・バ ¿Cómo le ca ?	グラシアス ¡Gracias!
羅	サルウェー salve!	イグノスカース·クアエソー ignoscas quaeso!	クォー·モド·ワーレス quo modo vales?	ベネ・ファキス bene facis
希	(現)カロス・オリサテ καλωδ ωρισατε	(現)シグノミ συγγυωμη	(現)ティ・カテネ τι καυετε	(現)エウカリスト ευχαριστω
露	タブロー·バジャーラヴァチ Добро пожаловать！	イズヴィニーチィ Извинннте！	カーク·ジヴィオーチィ Как живёте？	スパスィーバ Спасибо

	どういたしまして!	おめでとう！	さようなら！	おやすみなさい!
英	ユー·アー·ウェルカム You're welcome!	コングラチュレイションズ Congratulations!	グッドバイ Good-bye!	グッド・ナイト Good night
独	ビッテ・ゼーア Bitte sehr!	イッヒ·グラトゥリーレ Ich gratuliere!	アウフ·ヴィーダーゼーエン Auf Wiedersehen!	グーテ・ナハト Gute Nacht!
仏	ジュ·ヴー·ザン·プリ Je vous en prie	フェリシタシオン Félicitations!	オ・ルヴォワール Au revoir!	ボンヌ・ニュイ Bonne nuit!
伊	プレーゴ Prego	アウグーリ Auguri	アリヴェデルチ Arrivederci	ブォナ・ノッテ Buona notte
西	デ・ナーダ ¡De nada!	エノラブエナ ¡Enhorabuena!	アディオス ¡Adiós!	ブエナス・ノーチェス ¡Buenas noches!
羅		グラートゥラーティオ gratulatio	ワレー vale!	モッリテル・クベース molliter cubes!
希	(現)パラカロ παρακαλω	(現)シンカリティリア συγχαρητηρια	カイレ χαιρε	(現)カリニクタ καληνυχτα
露	パジァールイスタ Пожадуйста	パズドラヴリアーユ Поздравдяю	ダスヴィダーニャ До свидания！	スパコーイナイ·ノーチィ Спокойнои ночн！

◆分野別アイデア・ソース

（1）天文用語

No.	綴り	読み	意味
1	APOLLO	アポロ	1932年に地球からおよそ1,100万キロメートルまで接近した小惑星
2	ARIEL	アリエル	天王星の5個の衛星のひとつ
3	BAILLY	ベイリィ	月の可視面における最大の火口
4	CALLISTO	カリスト	木星の第4番目の衛星
5	CERES	ケレス	小惑星の中では最大のもので、最初に発見された
6	CLUSTER	クラスター	星団
7	COMET	コメット	彗星
8	ECLIPSE	エクリプス	（太陽・月の）食
9	EROS	エロス	火星の軌道の内側まで来る小惑星中、最初に発見されたもの
10	GALAXY	ギャラクシー	銀河系
11	ICARUS	イカルス	小惑星
12	IO	イオ	木星の4個の大型衛星のうちもっとも内側にあるもの
13	JUPITER	ジュピター	木星
14	METEOR	ミーティア	流星
15	MIZAR	ミザール	北斗七星の明るい星のひとつ
16	NEPTUNE	ネプチューン	海王星
17	NOVA	ノバ	新星
18	ORBIT	オービット	軌道
19	PHOBOS	フォボス	火星の内側の衛星
20	TRITON	トリトン	海王星の最大の衛星

(2) 星座名

No.	綴 り	読 み	意 味
1	CAMELOPARDALIS	キャメラパルダリス	きりん(麒麟)座
2	PAVO	ペイヴォー	くじゃく(孔雀)座
3	PYXIS	ピクシス	羅針盤座
4	VOLANS	ヴォーランズ	とびうお(飛魚)座
5	CYGNUS	シグナス	はくちょう(白鳥)座
6	GRUS	グラス	つる(鶴)座
7	LYRA	ライラ	こと(琴)座

(3) 12星座

日本語	読 み	意 味
牡羊座	Aries	エアリーズ
牡牛座	Taurus	トーラス
双子座	Gemini	ジェミナイ
蟹 座	Cancer	キャンサー
獅子座	Leo	リーオ
乙女座	Virgin	ヴァージン
天秤座	Balance	バランス
蠍 座	Scorpio	スコーピオウ
射手座	Sagittarius	サジテーリアス
山羊座	Capricorn	キャプリコーン
水瓶座	Aquarius	アクエーリアス
魚 座	Pisces	パイシーズ／ピシーズ

四つの作成基本パターン

「りそな銀行」というネーミングは、ラテン語で「共鳴」を意味する「ｒｅｓｏｎａ」からきているそうです。そして「理想（ｒｅｓｏ）的な」という日本語の音に重ねてある。

東京ガスの燃料電池「ＬＩＦＵＥＬ」もそうです。ＬＩＦＥ（暮らし）とＦＵＥＬＣＥＬＬ（燃料電池）を掛けた造語です。これも「増える」の音と重なっている。

さらに「Ｕ＝湯」「ＥＬ＝ｅｌｅｃｔｒｉｃ」の隠し味も入っている。（いずれもネーミングメイキングのトップ会社ＺＹＸＹＺの横井恵子さんの命名）。

この例を見るとおわかりでしょうが、ネーミングは、キーワードを素にしてつくり上げていくものなのですね。作文（作語）に近いことを行なうのがネーミングづくりなのです。

というわけで、さて。

前項で探索収集した言葉は、あくまでも素材にすぎません。まさにキーワードにすぎないのです。文字どおり「ネーミングづくりの鍵」になる言葉たち。これらの素材をどう料理するか。それが、いよいよネーミング作成の本番作業ということになります。専門的にはワーディング（ｗｏｒｄｉｎｇ）と呼ばれることが多い、ネーミングの主工程です。

この作業で、たくさんのネーミング案が生まれます。「ふつう何案くらいこしらえるのですか」とよく尋ねられます。

もちろんケースバイケースですが、私の場合少ないときでも30案くらいはこしらえます。「プロでもそんなにつくるのですか」と訝る人が多いのですが、30案は「少なくとも」です。

アプローチを六つ立てたとします。それぞれに収集したキーワードたちをくっつけたり、削ったりして加工して、ひとつのアプローチで案を練ります。10や20案はすぐにできてしまう。

その中から5ずつに絞って有力案として残したとしたら。

5×6＝30

30案は最低できてしまうわけです。実はこんなに少案に絞ることは、むしろ難しいと言っていいのです。この段階ではまだまだ迷いがあるからです。

どのネーミング案がいいのか正しいのか、まだ確信が持てないのです。各アプローチで五つずつに絞ることは、実は至難なのです。

これもいいかな、この案も悪くない、とでき上がったネーミング案を迷いつつ選択していくと、あっという間に各アプローチ20案。

20×5で100案！

という羽目に陥るのです。

「ネーミング案の数は、アプローチの数と描く案の数に比例する」

という次第です。

できれば、アプローチ数も少な目に、案も少な目に残すことが大事なのですが、その残し方がむずかしい。

でき上がったそれらの膨大なネーミング案の中から、本命をどう決めるか。実はそれが最大問題、大作業なのですが、その方法は次項で詳しく述べます。短気な方は、先にそちらを読んでくださっても結構ですが。

さてともあれ、いよいよワーディング＝ネーミングづくりのはじまり、はじま〜り。

さあ、集めた素材＝キーワードたちを、ずらりと俎板の上に並べてください。

ネーミング作法の開陳です！　まずは基本的な四つの作法パターンを、ご紹介しましょう。

《ネーミング案の数はアプローチと各案数に比例》

XA×N＝Y

A＝アプローチ
N=ネーミング数
Y=総ネーミング案数

（例）
アプローチ数5×20案＝100案
アプローチ数3×20案＝60案
アプローチ数5×5案＝25
アプローチ数3×5案＝15

素ネーミング法

ネーミングと言えば、それだけで難しい合成語や語呂合わせなど、高度な技術を期待されることも多いのですが、ストレートに素直なネーミングが、実はとてもインパクトがある場合も多いのです。そして、実際に世間で活躍しているネーミングの大半は、そうした素のネーミングたちです。

人の名前だってそうでしょう。近頃のように凝りに凝った名前があまりに氾濫すると、つい「花子」とか「夏子」「朝子」といった普通の名前、「太郎」「次郎」「一郎」などの平凡な名前が、妙に新鮮に見えてくる。

「慎太郎」だの「純一郎」だの「裕次郎」だのと、他の字と合成したりしないほうが、かえって新鮮だと思いませんか?「花子」「一郎」なんか、今一番目立つ名前でしょう。

さらに言えば「光」とか「優」とかは、もっと素です。「子」さえもつけない。名前を考えるときのキーワードそのものだった、と言っていいのではないでしょうか。

同じことがネーミングにも言えます。

「凛」というお茶など、その代表でしょう。たぶん、コンセプトを「飲むときの気分と味わいの高尚さ」に絞り、アプローチのひとつを「堂々とした美しさ」に設定した。

そして、キーワードを探すうちに、たぶん「凛」という言葉に出会ったのに違いない。幾十と集めたキーワードの中に、この1語があって、そのキーワードがそのまま、最終的にネーミングとなってしまった、と考えられるのです。

裸の言葉。新鮮な取れたての言葉が、そのまま一番おいしいということがあるのです。

たとえば、ちょっとクルマのネーミングを思い出してみてご覧なさい。ほとんど「素」の言葉です。

「ＯＤＹＳＳＥＹ」はギリシャ神話の神様の名前そのものですし「ＬＥＧＥＮＤ」は伝説という意味の英語そのまま。「ＣＲＯＷＮ」は王冠。「ＳＫＹＬＩＮＥ」は地平線、「ＭＩＲＡＧＥ」は蜃気楼のフランス語。「ＰＲＥＳＩＤＥＮＴ」は大統領あるいは社長。

実にストレートでしょう?

調理も何も施していない。

探したキーワードのジャンルはそれぞれ、たしかに広範囲だったのでしょう。その中から、コンセプトに合致するものをピックアップしていったら、調理しなくてもそのままでおいしいものがあった。それをそのまま、ネーミングに採用した。

「キーワードのネーミングへの格上げ」と呼んでいいかもしれません。

足し算ネーミング法

キーワードをそのままに、という態度は同じなのですが、ひとつの言葉をそのままネーミングにするのとはちょっと違って、足していく。加えていく。二つの言葉の足し算です。

二つのキーワードを組合わせるだけの、一見単純な手法なのですが、その組合わせ方によって強烈なイメージを生み出すことができます。

たとえば「カレーマルシェ」「プリントゴッコ」「カロリーメイト」。カレー、プリント、カロリーが各キーワードX。マルシェ、ゴッコ、メイトがもうひとつのキーワードY。

いずれも二つの言葉をつないだネーミングで、意味を拡大する効果があります。

「ゴキブリホイホイ」「ゴキブリハンター」「ゴキブリゾロゾロ」

なども、二つの言葉によってイメージをユーモラスに膨らませています。この場合、ゴキブリがキーワードX、ホイホイやハンターやゾロゾロがキーワードYということになりましょうか。足すことによる意味の増幅、です。

意味の増幅、ということで言えば、その典型的な例があります。それは、ポルノ映画のタイトル。かつて私がポルノ映画のタイトル調査をしたときに発見した、言葉の足し算の増幅効果です。ちょっと品のない例ですが、とてもわかりやすいサンプルなのでご勘弁を。

「乳房解禁」「乳房狂乱」「乳房日記」

乳房、だけではほとんど何でもない言葉なのに、もうひとつ言葉が加わると、とたんにイメージが増幅されるでしょう?

93ページの表をご覧ください。これは、タイトルに使われることが多い言葉（漢字1文字に限っています）の統計を取り、その24文字を縦横にランダムに並べたものです。そして縦と横の文字を組合わせていくと、こんなにいろんな凄いタイトルができ上がる、というサンプル表です。

まさに足し算効果の好例と言えませんか。

話を戻しましょう。同じ足し算ネーミングでも、こうした増幅効果以上の効果、掛け算に近い効果を上げる方法があります。

それは、異質な言葉の組合わせです。本来ありえない言葉の組合わせ、これがネーミングパワーを生み出すのです。

たとえば「トマト銀行」。

「さくら銀行」なら驚きません。「みずほ銀行」も想像の範囲です。組合わされそうな2語です。しかし、「トマト」と「銀行」の組合わせは、常識の範囲を超えていました。異質の組合わせです。だからパワーを持ちました。

「ゼロの焦点」、松本清張の名作タイトルです。ゼロの焦点なんてあるのでしょうか。数学に弱いわたしですが、なんだかそんな概念はないような気がする。だから、その「ゼロ」と「焦点」という二つの言葉の組合わせから、なんとも不思議な匂いが立ち込めて、私に迫ってくる。イメージが足し算以上に、つまり掛け算的に、相乗的に増殖されるのです。

「眼の気流」「遠い接近」「渡された場面」「考える葉」「風の息」

どうですか。見事に一貫して、本来くっつきそうもない異質な言葉の組合わせでしょう。まさに松本清張の真骨頂です。

「サラダ記念日」「チョコレート革命」

俵万智の歌集のネーミングにも、同じことが言えます。まさか、サラダや大好きなチョコレートのことを詠んだ歌ではないでしょう。

比喩としてのサラダ、チョコレート。その比喩

◆意味の増幅

腐	壺	牝	悶	態	裸	爛	妄	猥	絶	獣	魔	
腐情	壺情	牝情	悶情	情態	裸情	爛情	妄情	猥情	絶情	獣情	魔情	情
腐色	壺色	牝色	色悶	色態	色裸	色爛	色妄	色猥	色絶	色獣	色魔	色
腐女	女壺	牝女	女悶	女態	裸女	女爛	女妄	女猥	絶女	女獣	魔女	女
腐肉	肉壺	牝肉	肉悶	肉態	肉裸	肉爛	肉妄	肉猥	肉絶	獣肉	肉魔	肉
腐陰	陰壺	牝陰	陰悶	陰態	陰裸	陰爛	妄陰	猥陰	陰絶	陰獣	陰魔	陰
腐姦	壺姦	牝姦	姦悶	態姦	裸姦	爛姦	妄姦	猥姦	絶姦	獣姦	姦魔	姦
腐戯	壺戯	牝戯	悶戯	戯態	裸戯	爛戯	妄戯	猥戯	絶戯	獣戯	魔戯	戯
卍腐	壺卍	牝卍	卍悶	卍態	裸卍	爛卍	妄卍	卍猥	絶卍	卍獣	卍魔	卍
腐痴	痴壺	痴牝	痴悶	痴態	痴裸	痴爛	痴妄	痴猥	痴絶	痴獣	痴魔	痴
腐欲	壺欲	牝欲	悶欲	欲態	裸欲	爛欲	妄欲	猥欲	絶欲	獣欲	欲魔	欲
腐淫	淫壺	淫牝	淫悶	淫態	淫裸	淫爛	淫妄	淫猥	淫絶	淫獣	淫魔	淫
腐乱	乱壺	乱牝	悶乱	乱態	乱裸	爛乱	乱妄	乱猥	乱絶	獣乱	乱魔	乱

の立て方が実にユニーク。だから、本としての新鮮な印象をつくりつつ、一度聞いたら忘れられない力強さを持っているのです。最初に掲げたネーミングの役割

・引きつけること
・憶えさせること

の条件を、見事に獲得しているのです。

引き算ネーミング法

キーワードを俎板の上において、よけいな部分を切り取っていく。あるいは邪魔な部分や贅肉を削ぎ落としていく、という手法。だから引き算です。

ひとつの言葉から、どんどん引いてゆく。どんどん引いて残った言葉を、そのままネーミングにしてしまう。味つけは、一切しない。引き算していって、スリムになった言葉の幹を、ネーミングにするという方法です。

◎尻切りネーミング

引き算の中でもっとも一般的なやり方は、お尻を切る。蜥蜴の尻尾切りのような手法です。

人のニックネームのつくり方に多い方式。健太郎を「ケンタ」、和義や和久を「カズ」に縮めてしまうやり方。シュワルツェネッガーを「シュワ」ちゃんと言うが如し。ウィリアムスを「ウィル」と呼んだり、マクドナルドを「マック」と呼ぶ省略法です。そう、「マック」は人名からきた立派なネーミングですね。

コスモスのお尻を切って「コスモ」という石油会社もある。アドベンチャーのお尻を切って「アドベン」という例もあります。

今はやりの「COM」は、「COMMUNICATION」のお尻省略形ですし、「プロ」はプロフェッショナルの省略形でしょう。ただし、この手法は「COM」が「COMMUNITY」の略にもなるし、「COMPANY」の略にもなることに注意しなければなりません。

お尻ではなく頭をばっさり、というやり方もありますが、これはあまりお勧めできない。さっきと同じニックネームで見てみると、やはりわかりやすい。たとえばエリザベスを「ベス」と呼ぶが如しです。頭の「エリザ」をばっさり切ってしまっている。コカコーラを「コーラ」と呼ぶのと同じです。全日本労働組合連合を「レンゴー」と呼ぶ。あの手法です。

でもこの方法は気をつけないと、意味がわからなくなることが多い。「レンゴー」だけになると何の連合だかわかりにくくなる。連合国もあるし、国際連合という言葉もある。連合艦隊だってある。

仲間内しかそれが何を意味するのかわからなくなってしまうのです。

たとえば、インテリジェントのお尻を切って「インテリ」と略しても意味が残りますが、頭を切って「ジェント」とすると、リージェントの略にも見えるし、ジェントルの略にも見える。語尾を切るのはいいけれど、語幹を切ると本来の意味がわからなくなることが多いので、注意が肝心なのです。なるべく、

「縮めるときは語幹を残す」

と憶えておいてください。植木の選定で大きな枝や幹を切ってはいけないのと同じ。些末な枝から切っていくことが肝要です。

（例）
コスモ＝コスモスース
ケンタ＝ケンタロウーロウ
インテリ＝インテリジェントージェント

COM＝COMMUNICATION—MUNICATION
COMMUNITY—MUNITY
COMPANY—PANY

◎胴切りネーミング

真ん中を抜く。日本石油を「日石」とかつて呼んだように、あるいはさっき例に出した国連が国際連合の中抜きであるように、言葉の中ほどを抜く、という手法です。

写真メールを「写メール」。メール友達を「メル友」。ドリームズ・カム・トゥルーを「ドリカム」。どれも胴切り、中抜きのネーミングです。

ブラッド・ピットを「ブラピ」、ブラック・ビスケッツを「ブラビ」。似てますね。でも若者はちゃんと区別して楽しんでいます。

「キムタク」は木村拓也、「トヨエツ」は豊川悦司。「ゴクミ」「エンクミ」は後藤久美子と遠藤久美子です。この手法はもともと長ったらしい横文字を縮めて呼ぶ習慣からきているのではないでしょうか。

ラジオカセットを「ラジカセ」、パーソナル・コンピューターを「パソコン」、デジタルカメラを「デジカメ」と呼んだ、あの手法です。

ゼネラル・コントラクターを「ゼネコン」と縮めたり、リストラクチャリングを「リストラ」と略したのは新聞記者でしょうか。スポーツ根性を「スポコン」としたのはスポーツ紙かもしれない。

さて、この作法の参考になる典型をご紹介しておきましょう。さすがあきんどの町、浪速のネーミングです。

「レーコ」冷やしコーヒー
「ミルキン」ミルクコーヒー
「レスカ」レモンスカッシュ
「オスカ」オレンジスカッシュ
「チョコパ」チョコレートパフェ
「ミーサン」ミックスサンドイッチ
「ヤーサン」野菜サンド

ああ、こわ。こわい客が「わい、ヤーサンや」なんて、注文することもあるんでしょうかね。

という次第の、中抜きネーミング法です。

（例）
写真メール＝（写真－真）＋メール
デジカメ＝（デジタル－タル）＋（カメラ－ラ）
キムタク＝（キムラ－ラ）＋（タクヤ－ヤ）
パソコン＝（パーソナル－ソナル）＋（コンピューター－ピュータ）

掛け算ネーミング法

87ページで紹介した「りそな」や「LIFUEL」が、まさに掛け算ネーミングです。二つのキーワードを組みあわせる、という点では、足し算ネーミングと同じですが、言葉の一部を省略して、もうひとつの言葉と組合わせるといった微妙な変化技。それが掛け算ネーミングです。

その中でも比較的やさしいのが、単純掛け算です。

◎単純掛け算

キーワードのお尻をカットさせながら、くっつける方法です。

たとえば、空間とか宇宙を意味する「SPAC

E」というキーワードがあって、領域や国を表わす「IA」という接尾語がある。SPACEのお尻の「E」をカットしてつないで「SPACIA」。東武電鉄のエキスプレスのネーミングです。メインのキーワードのお尻を変えた、とも言えますね。「IONA」「ENEOS」などもその類です。IONとENERGY、それぞれの語尾変化。

「APOLOIL」「TEXMEX」「TEXACO」というネーミングは、「APOLO×OIL」と「TEXAS×MEXICO」と「TEXAS×COMPANY」。

それぞれ二つのキーワードを省略しつつ結合させています。

ちなみに、「APOLOIL」と「TEXACO」は石油会社。「TEXMEX」はアメリカの有名なステーキハウスのネーミング。牛の名産地、隣接するメキシコとテキサスのイメージを表現している。しかも語呂合わせ、押韻は英語のネーミングの得意なところです。一度聞いたら一度見たら忘れませんね。

ソニーのインターネットだから、ソニー×ネットワークで「SONET（ソネット）」。プロバイダーのネーミングです。「NET」は「INTERNET」の略でもあり「NETWORK」の略でもあります。「ソニーインターネット」では長すぎます。短くしたくて省略してくっつけました。

これらの手法は、要するに二つのキーワードをひとつに合体させ、しかも短いネーミングにする、という絶妙の効果がある。まさに、掛け算の妙味です。

日本古来の下着、ふんどしにネーミングをつけるという経験を、かつてしたことがあります。

「国際的に販売する」という設定での試みで、「国際的」というのがコンセプトのポイントです。

そこで、日本の英語表記「JAPAN」と、下着を意味する「ＰＡＮＴＳ（パンツ）」を掛け合わせました。

でき上がったのが「ＪＡＰＡＮＴＳ（ジャパンツ）」。

「ＰＡＮ（パン）」の部分で重ね合わせてある。見方を変えれば、「ＪＡＰＡＮ」に「ＴＳ」をつけただけ。「ＰＡＮＴＳ」に「ＪＡ」をつけただけ。実に経済的なネーミングです。

日本語なら「2文字英文字掛け算」。

英語では「3文字の掛け算」です。

これなら、「日本の下着」という商品特性を明確に伝えながら、海外市場に展開したいというマーケット戦略にも合致したネーミングに仕上がっています。

これも、重ね算ネーミングの好例でしょう。

もっと単純な例を挙げれば、
テレビとビデオで「テレビデオ」

なんていうネーミング例がありました。「ビ」の部分で掛け合わさっている。

典型的な「1文字掛け算」です。掛け算ネーミングは、この辺りからはじめるとうまくいくでしょう。

泡で洗う洗濯機がありました。キーワードは「バブル」「プクプク」「泡」と「洗う」「ワッシュ」「洗濯」など。さてそれらを組合わせると、

「バブワッシュ」「プクプクワッシュ」「洗ワッシュ」

などができてくる。そして、最後に産ませたのが掛け算の名作、

「ＡＷＡＳＨ（アワッシュ）」です。片仮名の「アワ」と英語の「ワッシュ」が「ワ（ＷＡ）」の部分で重なっています。「ワッシュ」「ＷＡＳＨ」に「ア」「Ａ」の1字がついただけ。実にシンプルなのだけれど、ＪＡＰＡＮＴＳ同様、巧みな重ね算ネーミング、掛け算ネーミングです。

（例）
SONET＝SONY×NETWORK
　　　　　INTERNET

APOLOIL＝APOLO×OIL
TEXMEX＝TEXAS×MEXICO
TEXACO＝TEXAS×COMPANY

◎重ね算

同じ掛け算でも、少し上級な手法を紹介しましょう。二つの言葉の合成なのですが、単なる二つの意味の合体ではない、重ね合わせる、という高等掛け算製法です。

「グッスリープ」

羽布団のネーミングです。「グッスリ」と「スリープ」の掛け算。よく見てください、「スリ」の部分が同じ音である、ということを利用して重ね合わせているんですね。オーバーラップさせているのです。掛け算というより「重ね算」と言ってもいいかもしれません

見方によれば「スリープ」の前に「グッ」を足しただけ、あるいは「グッスリ」のお尻に「ープ」を足しただけ、と言えなくもない。

しかもこのネーミングにはもうひとつ仕掛けが隠されているんですね。

英語で「GOOD　SLEEP」でもある。「おやすみなさい」という意味でもあるわけです。そして、ネイティブな発音で「GOOD　SLEEP」を声を出して読んでみるとわかりますが、ほら「グッスリープ」でしょう？　英語上は、別に省略されているわけではないのです。

こう見てくると、このネーミングは、実に効率

のいい経済的なネーミングと言っていいのです。
①ぐっすり
②眠り
③おやすみなさい
と、まあ、いろんな意味やニュアンスが込められている。実によくできた多重掛け算でつくられたネーミングなのでした。


（例）

グッスリープ＝グッスリ×スリープ×（おやすみなさい）

AWASH=AWA×WASH
アワォッシュ＝アワ×ワォッシュ

JAPANTS＝JAPAN×PANTS

◎意味の掛け算
居酒屋のメニューに、こんなネーミングを見つけました。

「フルーチュ」「スカッチュ」

フルーツでなく「フルーチュ」。「ツ」が「チュ」に微妙にかわいく変化している。もうひとつも、スカッシュでなく「スカッチュ」。こちらも「シュ」が「チュ」と幼児語ふうに訛っています。

フルーチュは、グレープフルーツで焼酎を割ったもの。スカッチュは、ソーダ水で焼酎を割ったもの。つまり、「チュウ」のスカッシュというわけです。言うまでもなくどちらも、フルーツとチュウ、スカッシュとチュウの掛け合わせ。

1文字の重ね算なのに、元の言葉をそれぞれ色濃く残しつつ、焼酎という大きな世界に導いてくれる。しかもかわいいニュアンスで。なかなかの手練です。

そう言えば似たようなものに「ウメッシュ」と

いうのがありますが、あれは梅酒を強調しただけ。メッシュに別に意味はありませんから、掛け算ではありません。

最後に、言葉を掛け合わせたわけではないのに掛け算に見えるという、不思議なネーミングのつくり方があります。

「BOXING」

イタリアの「ALFLEX」というブランドの、コンポーネント家具のネーミングです。別に何も細工していない、という意味では「素ネーミング」ですが、でもこれ殴り合うあのボクシングと同じなんですよ。だから、不思議な面白さが滲み出る。「箱＝BOX」を組み立てる作業の表現として「ING」をつけたら、拳闘の「BOXING」になってしまった。意図的にそう仕組んであるわけです。

「若いインテリア」というコンセプトを、フットワークのいい自由自在な組み立て家具の性質とオーバーラップさせて、スポーツの「ボクシングのようですよ！」と言いつつも、だってこれはボックスなんだもの、とおしゃれに言っている。私はこれを、

意味の掛け算

と呼ぶことにしています。言葉は掛け算ではないけれど、意味が掛け合わさっている、という次第です。

もう少し、サンプルを挙げます。

「CASE BY CASE」

これもコンポーネント家具のネーミングです。ことさら造語しているわけでもない。ふつうの英語です。「ケースのそばにケースを」といったような意味ですから、まあ、どちらかといえばキャッチフレーズふうのネーミングでしょう。

ところが、「CASE BY CASE」は会

話でよく使う言葉で「場合によっては」という意味がある。そこに引っかけてあるのです。つまり、「場合によって、ケースのそばにケースを、自在に並べかえられる」

という表現になっている。二重性を持っているのでした。まさに意味の掛け算です。

もうひとつ、さらに例を。

「SIDE BY SIDE」

ジャズの名曲のタイトルと同じです。意味は「寄り添って」これはしかし、サンドイッチ・ショップのネーミングです。「寄り添って食べてください」という若いカップルへのメッセージでしょう。でもそれだけの意味ではありません。この店はテイクアウトのパン屋さんとサンドイッチ店が並んで同居している店なのです。もうおわかりですね。店がほんとうにSIDE BY SIDE、並んでいる。客に対するメッセージと、店の成り立ちと。二つの意味の、掛け算でした。

（例）
フルーチュ＝グレープフルーツ×焼酎＝かわいいフルーツ
スカッチュ＝スカッシュ×焼酎＝かわいいスカッシュ

BOXING＝BOX（箱）×ING（行為）＝箱を並べる＋拳闘

CASE BY CASE＝CASE（箱）＋BY（そば）＋CASE（箱）＝箱のそばに箱を＋場合·場面に

5章 ネーミング作法

ネーミングは情報だ

以上、四つの作成パターンは、ネーミングづくりの概論でした。実際の作業に入る前に、ネーミングの成り立ちを大きく捉えておこうと考えて、ざっと分析してきたのでした。

さて、ネーミングの種類をしっかりと把握したところで、いよいよ作法の開陳です。より具体的なネーミング・レトリック。さまざまなワーディング・パターン。言葉作業の細部をできるだけ詳しく、実践的に示していきます。

採集したキーワードを一覧に並べて、さあ、どう料理しましょう。これから示すネーミング作法は、塩加減、砂糖加減まできめ細かく示した、いわばネーミングのレシピです。

次のような、13の目録で紹介しましょう。

《漢字ネーミング》
《語呂合わせネーミング》
《当て字ネーミング》
《略字ネーミング》
《オノマトペ・ネーミング》
《記号ネーミング》
《数字ネーミング》
《長い文章体ネーミング》
《会話体ネーミング》
《言葉遊びネーミング》
《ナンセンス語ネーミング》
《七五調ネーミング》
《絵言葉ネーミング》

こうしてレシピの目録を並べてみると、おや何かと似ている。

そうなんです、ネーミング作法はキャッチフレーズ作法と酷似している。いや同じだと言っていいのです。

なぜか。その理由の第一は、先に触れたように、商品パッケージの広告化です。広告化したパッケージに記される言葉は、当然キャッチフレーズ化する。つまり、ネーミングのキャッチフレーズ化という現象が起るのです。

だから、ネーミング作法はキャッチフレーズ作法に似てしまうのは当然です。

そして、そのキャッチフレーズ作法は、あらゆる言語作法を模倣している。いま挙げたレシピを見ると、そのことがよくわかります。キャッチフレーズのつくり方を学びたい人はネーミング作法を学びなさい、とかねがねコピー学校の生徒に私が言っている所以です。

漢字ネーミング

◎漢字一文字の力

ある日のこんな広告。思わず、1字ずつ読んでみた。音と訓で読んでみました。やばッ。読めない字が1字あるではありませんか。

しかし、漢字というものはよくできている。読めないのだが、なんとなく忖度して意味がわかるのである。ありがたいことである。

広告は、絵と言葉で何ごとかを伝えるのが仕事です。絵と言葉を一体にしたこの広告は、まさに広告の原点ではないかと、感心させられました。

しかし、考えてみれば漢字は元来、絵であった。象形である、ということにすぐ気づいた。思い出しました。

ガスの広告です。すべての字に青い火だもの。わかります。なぜガスなのか。下のほうを見ると、ガス関連の会社のロゴがずらりと並んでいる。なるほど調理、料理をつかさどる台所のガス器具の、ブランド・コラボ広告なのでした。16種もの火の使い方ができますよ、という広告です。

漢字の表現力はすごい。情報量はすごい。ここにある16文字が包含している意味、情報を仮名（訓読み）で表記したら一体、何文字になるだろう。英語ならどうだろうか。漢字の1文字の力についていて、久しぶりに考えさせられたのでした。で、この漢字の力がネーミングにも威力を発揮するんですすね。

さて、次の1文字は何のネーミングでしょう?

「侍」

はスポーツ飲料です。侍、という字を見ただけで、『ラスト・サムライ』を思い出した人は若い人。『七人の侍』や『用心棒』、『桃太郎侍』や『旗本退屈男』を想起した人はご年配でしょう。

最近では、『蝉しぐれ』や『たそがれ清兵衛』『壬生義士伝』を思い浮かべる人もあるかもしれません。時代とともに言葉の包含しているイメージが変わっていきますね。

「響」

は何のネーミングでしょう。これはウイスキー。

これはずいぶん歴史が長い。漢字1文字のネーミングとしては、超先駆者ではないでしょうか。字画が多いことが、それだけで豊かな響きをかもし出している。なんだか複雑な味と香りが漂ってきそうです。

「座」

も同じくウイスキーです。この字を見て、座敷を思う人、寄席の高座を心に描く人、宴会での座布団を思い浮かべる人……いやいや、このネーミングには英語の「THE」を連想させる仕掛けもあって、広告でのキャッチフレーズはかつて

「座ウイスキー」

だった。英語の唯一無二、至高を意味する「THE」と重なっているんですね。口に出してみるとよくわかる。

THE WISKY=ザ・ウイスキー

と聞こえるでしょう。視覚での意味「座る」と、聴覚での意味「至高の」がオーバーラップして、二重の情報を発信する。漢字と英語のハイブリット・ネーミング(混血名)と言えます。

この場合の「座」と「THE」は、漢字と英語の同音異語ですが、実は漢字自身に同音異語が豊富、という特長があります。

たったの1文字で、大きく想像力を刺激してくれるのは、さっき「侍」のところで見たとおりです。

「膳」は知っていますね。これもウイスキー。「ぜん」という音で対応する語は「前、禅、漸、善、繕、喘、全、然……」

ほかにも、「かい」なら「会、界、階、解、貝、介、回……」、「しん」なら「診、真、新、信、心、親……」と、ちょっとピックアップしただけでも、こんなにあります。

こうした特長を活用する造語法が、後で詳しく述べる、いわゆる「語呂合わせ」なんですね。

「膳」のCMで「ぜんぜん」と真田真広が言っていたのは、今示した最後の「全」と「然」。意味の別世界に飛んでいく「言葉遊び」が広告コピーでしばしば行なわれるのは、そのあたりの事情の表われでしょう。

1文字ネーミングのこうした力は、次に語呂合わせへと発展していくのです。

こうした1文字ネーミングは、その1文字が包含している宇宙とでも言うべき世界を選ぶことが、ネーミングをつくることそのものになる。

1文字ネーミングは、ネーミングづくりの極限的な性質を持っています。つくるというより抽出する、と言ったほうが、正しいかもしれません。

言葉の創造とかクリエイティブ、という言い方をよく聞きますが、考えてみれば、言葉は誰でも使う共通財産です。

造語は別として、基本的には創造ということはありえない。選択、抽出することがクリエイティブである、と言っていいのではないでしょうか。

1文字の世界

　作家の原田宗典が、「し」というタイトルで連載エッセイを書いていて。実は彼は私の事務所にいた元コピーライターで、久しぶりに一緒にメシを食ったときに、そのことを知りました。彼によると「し」という言葉は、同音異語が一番多い言葉だそうです。で、そういう短いタイトルの連載をしている。たとえば「し＝詩」「し＝詞」「し＝師」という具合に、展開するのだそうです。「し＝師」のときに私のことを書いた、という報告でした。

　ま、それはともかく1文字の世界の広さというこの項にぴったりの話だと思って、紹介してみます。

「詞・師・詩・紙・市・死・氏・誌・視・史・士・子・四・資・志・梓・嗣・食・至・刺・支・試・茨・柿・此・匙・祇・始・仕・仔・使・司・姿・思・指・施・孜・獅・糸・姉・紫・髭・之・覗・砥・市・芝・弛・只・偲・笥・雌・諮・斯・賜・祉・旨・歯・脂・諮・支……」

　80以上あるので、この辺で止めておきます。

●2文字の力は倍ではなく、2乗倍です。

　2文字が合わさると、さらに世界は大きく広がります。単に1字の2倍ではなく、級数的に世界が膨らみます。二字熟語の宇宙は、巨大です。

「爛漫」「菊正」

日本酒のネーミングです。

　味は「豊かな美味しさ」、飲み心地は「朗らか」、酔った気分は「華やかさ」といったコンセプトで開発されたお酒だったのでしょう。そんな世界を表すキーワードを探索して集めたたくさんの漢字の中から、「爛漫」が選ばれた。「爛」という字の持つ成熟したイメージと「漫」が持つ明るさ。その二つがあいまって、華麗な酒の世界を表出しています。「爛漫」というネーミングの生い立ちは、多分こんな経過だったに違いありません。

　「菊正」の場合は、さて、こんな経過ではないでしょうか。その味は、秋の爽やかなイメージ。香りは高貴で清々しい。飲み心地は端正で折り目正しい。というコンセプトからスタートして、さまざまな文字をさまざまに組合わせて、これだ！　と決まったのが「菊正」。

　コンセプトが正しく表現されただ

けでなく、美しい佇まいのネーミングです。文字から立ち上る香気が見えるようです。と、私はネーミングの生い立ちを想像するのですが、いや本当はご当主の名前とか杜氏の名前だったのかも知れませんよ。でもそうだとしても、その名が権太だったら命名しなかったでしょう。「権太」というネーミング、焼酎ならいいかもしれませんが。

　飲み手の私に、そんなことどっちでもいいのです。「菊正」は以上のようなおいしそうなイメージがある。それで十分ではないでしょうか。

　2文字の場合も、同音異語の点検を怠りなくしましょう。1文字のときと同じように、あるいはそれ以上に、ネーミングの素材として活用できます。そして、それら2文字の同音異語がやがて「造語ネーミング」の素になっていくのです。

「新潮」「壮快」。雑誌のネーミングです。それ自体、既存の言葉ですが、声を出して読むと、つい新しい言葉をつくりたくなります。これが、造語ネーミングの第一歩となるのです。

「シンチョウ」の同音異語には、こんなのがあります。

清朝 身長 伸長 新調 慎重 伸張 深長

こうして並べてみると、つい組み合わせを変えて言葉をつくりたくなる→ 針蝶 深潮 伸調 新朝

「そうかい」の同音異語は、こんなのがあります。

壮快 総会 掃海 蒼海 爽快 滄海 蒼海

造語してみましょう→ 壮海 僧界 総快 早海

語呂合わせネーミング

◎駄洒落こそネーミングの真骨頂

語呂合わせのことを俗に「洒落＝しゃれ」と言ったりします。

下手な語呂合わせのことをちょっと馬鹿にした言い方で「駄洒落」と呼んだり「オヤジギャグ」と揶揄する人もいますが、いえいえなかなか、そう馬鹿にしたものではありません。

私は、駄洒落こそ洒落の真髄だと考えています。ちょっと失笑を買うくらいが、伝達力がある。うますぎる洒落はかわいくない。力がないのです。オヤジギャグこそ、胸襟を開く力があるのです。

さて。語呂合わせは、違った言葉の意味を掛け合わせるので「掛け詞」とも言う。

この洒落、語呂合わせ、掛け詞が、実はネーミングの手法として大いに役立つことが多いのです。

語呂合わせは、家電関連になぜか多い。

「感度涼好」

「大清快」

「野菜中心蔵」

感度良好の「良」を同音異語の「涼」に変えた「感度涼好」。耳から聞くと、「温度に対する敏感な反応」を訴えているのに、字面で見ると「涼しさが心地好い」とも訴えている。多重な表現になっているのですね。

「大清快」は「大正解」の語呂合わせ。分解すれば「清潔に対する立派で正しい答え」という欲張った内容を、3文字の中に畳み込んでいる。なかなかの工夫です。

「野菜中心蔵」は、「忠臣蔵」のもじりに「野菜」を載せたもの。それまで一番下にあった野菜庫を、使い勝手のいい真ん中にレイアウトした画期的なデザインを、「中心蔵」と呼ぶことで日本人なら知らぬ者のない「忠臣蔵」に掛けて憶えさせてしまった。これも同音異語の活用、語呂合わせの典型でした。

しかも、距離感がいいんですね。台所と忠臣蔵の距離感。これが近すぎるとインパクトが逆にありません。例えば和風のもの、着物とか和食とかのネーミングに忠臣蔵の語呂合わせをしても、かえって印象がぼやけてしまいます。

そういう意味で、もうひとつのサンプル。

「携快電話」

「携帯電話」と見間違って、つい見過ごしてしまいそうなネーミングです。これは携帯電話用のメモリーソフトですって。携帯電話のネーミングにしてはストレートすぎると思いました。さっきの「忠臣蔵」と冷蔵庫の関係と同じように、語呂合わせは距離感が大事なのです。「携帯」と「軽快」の語呂合わせですから、「軽快な携帯」と誤解されないよう気をつけないといけない。もう少し距離感があったほうが、印象が強いかもしれません。

というわけで、語呂合わせの上級技を。

「最洗ターン」

洗濯機は、ドラムの底にあるパルセーターという翼が回転するのがふつうですが、この洗濯機はドラム自体が回転する。その革命的な機構によって、水流が変わり洗浄力が変わる。その画期的な機構と機能をネーミングにしたものです。

「最先端」の機構です。最先端の回転です。最先端の水流です。最先端の洗浄です。

「先」を「洗」に変え、「端」を「ターン」に変えた。同音異語です。それも「ターン」のほうは、漢字とカタカナ英語の同音異語。

この語呂合わせによって、さまざまな訴求ポイントを見事に5文字の中に閉じ込めたのでした。

人と言い間違い。こんなのが満載です。

向田邦子に『夜中の薔薇』という小説（エッセイだったかな）があります。「野中のばら」という歌の歌詞をずっとそう覚え間違えていた、というエピソードが素材になっていました。

さて、これらが地口です。

地口は、語呂合わせの少し長いものです。単語のもじりが語呂合わせ、やや文章体の言葉遊びが地口、と言っていいでしょう。日本では昔から日常的に庶民が楽しんでいた言葉遊びのひとつなのです。いわば、わざと言い間違える手法です。

「義経に弁慶」を「よく常に勉強」

「臨機応変」を「悋気応返」

「咲いた桜になぜ駒つなぐ」を「焼いた魚になぜつまつけぬ」

「藪から棒」を「藪蚊がブウ」

なんてね。これらはみな江戸時代の地口と呼ばれる言葉遊びです。

語呂合わせの作例

野菜忠臣蔵 ← 野菜中心蔵

最先端の回転 ← 最先端の水流 ← 最先端の洗浄 ← 最洗ターン

◎地口ネーミング

糸井重里さんが編纂した『言いまつがい』という本がありますね。「ウルトラの乳がいる～ ウルトラの母がいる～」父、の言い間違いです。

「えーびーしーでーえいこくじん」ＥＦＧを英国

みんなが知っている文章の一部を、同音異語あるいは似た音（類音異語）で置き換える——つまり地（元の文）の口（言い回し）。これが地口です。


「元気甲斐」

「天菜弁当」

「八ヶ旅」


いずれも地口ネーミングの典型です。

ここに挙げたネーミングは、小淵沢駅の駅弁をかつて企画したときのネーミング案の一部です。この案が生まれる経過をなぞってみましょう。

商品特性は、

「甲斐の国、山梨の八ヶ岳の麓で育った高原野菜、健康指向の天然栽培の素材にこだわった、健康指向のお弁当。旅のお供にぴったり。献立は天才板前の自慢の料理」

このコンセプトを元に、アプローチごとにキーワードを探索しました（118ページ参照）。

〈アプローチ①地理性〉で探ったキーワードは、山梨・高原・八ヶ岳・甲斐・アルプス……など。

〈アプローチ②健康〉では、自然・スポーツ・登山・日焼け・元気・はつらつ・ニコニコ……など。

〈アプローチ③料理〉では、東西・野菜・板前・名人・山菜……

といった具合に収集したキーワードの中から組み合わせたり掛け合わせたりした結果、これらのネーミング案ができ上がったのでした。

「元気甲斐」はキーワードの中の「元気」と「甲斐」とをジョイント。「元気かい？」という話し言葉の「かい」という呼びかけの部分を、同音異語の「甲斐」に置き換えたものです。山梨県の昔の呼び方「甲斐」を入れ替えることで、土地柄をアピールする工夫がしてあるわけです。

アプローチ表で言えば、面白ネーミングでありつつ、高原気分も醸し出しているネーミングでもありました。

「天菜弁当」は「天才」と聞こえるところがミソです。実はこの駅弁、東京と京都、東西の天才板前がレシピをつくり上げた。その事情を匂わせる工夫がしてあるのです。

商品企画の特徴と「天然栽培野菜」に掛けた、これも語呂合わせのネーミング案なのでした。高原気分、旅の味覚の合体ネーミングです。

「八ヶ旅」は、八ヶ岳のまさに掛け詞。洒落言葉。語呂合わせです。高原気分ネーミングでありつつ、面白ネーミングになっています。

で、結局「元気甲斐」が採用となって、駅弁デビューをはたしたのでした。

どこの駅弁かよくわかる。

健康感があふれてる。

呼びやすい。

口に出して楽しい響き。

若い客に受けそう。

なにしろ小淵沢は八ヶ岳への登山、スキー、ペンションの要所。春夏秋冬、たくさんの若者が乗降する駅ですから、彼らにアピールするネーミングでありたかった。だから、ちょっとユーモラスな響きの「元気甲斐」に決まったのでした。

しかも、見た目は伝統を感じさせる4文字。漢字の重厚さが中身の本格感をかもし出していないこともない、という次第です。

小淵沢駅の駅弁「元気甲斐」

◆駅弁「元気甲斐」のネーミング・アプローチ

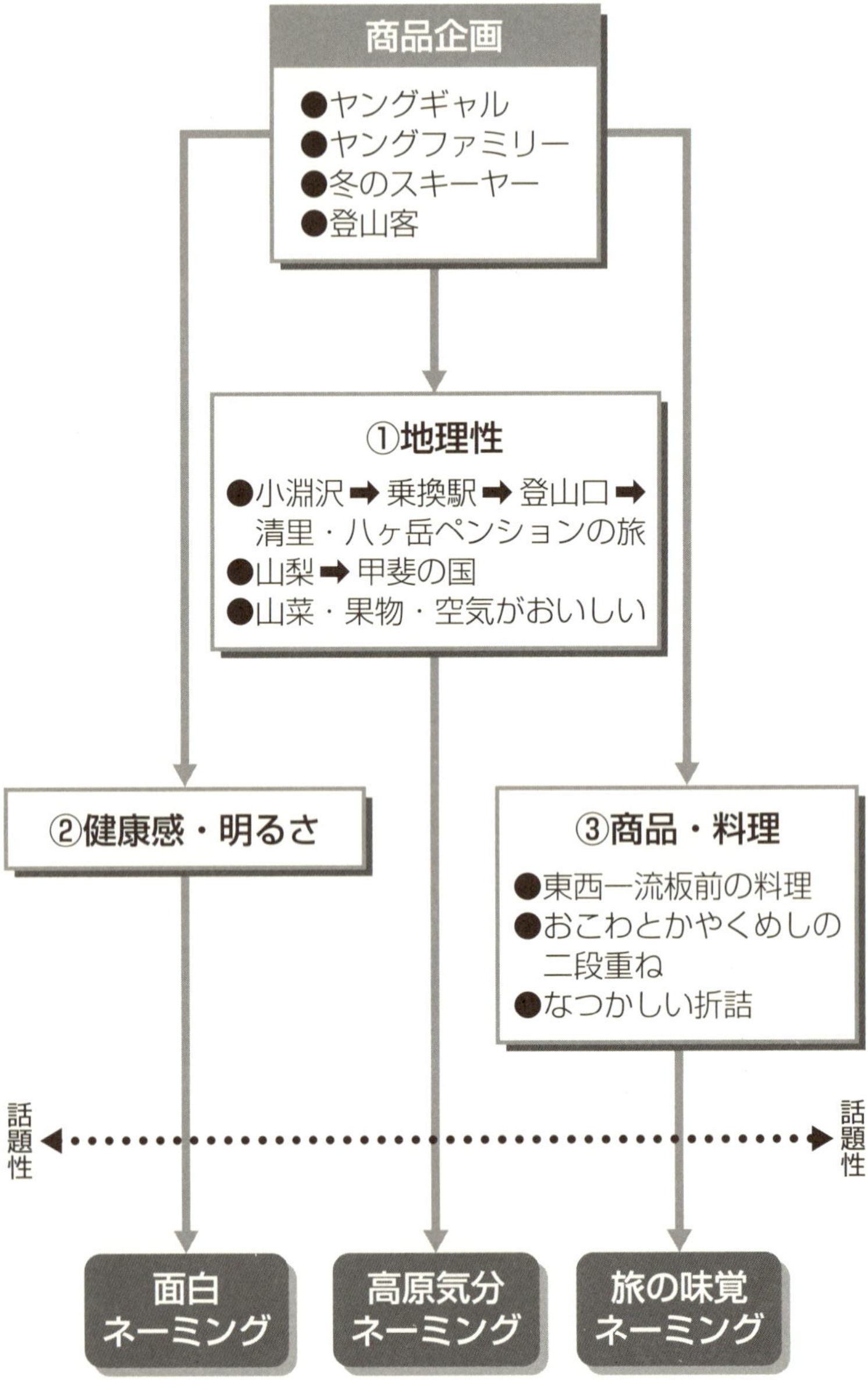
商品企画
●ヤングギャル
●ヤングファミリー
●冬のスキーヤー
●登山客
①地理性
●小淵沢➡乗換駅➡登山口➡清里・八ヶ岳ペンションの旅
●山梨➡甲斐の国
●山菜・果物・空気がおいしい
②健康感・明るさ
③商品・料理
●東西一流板前の料理
●おこわとかやくめしの二段重ね
●なつかしい折詰
話題性
話題性
面白ネーミング
高原気分ネーミング
旅の味覚ネーミング

当て字ネーミング

◎音の当て字

地口や語呂合わせが似た言葉の面白さで、意味を広げたり変えたりするのにひきかえ、こちらの当て字は、まったくの同音で二つの意味を内包している。

と言っても抽象的ですね。早速サンプルをお見せしましょう。

「第九」

何のネーミングだと思いますか。ベートーベンの名曲を店名にしたお店です。さて、何のお店か？　日曜大工の店でした。

「大工」→ダイク→「第九」

これすなわち、当て字です。でも、ちょっと頓智でもありますね。この頓智が、客の心を引きつけ和ませるのです。二重構造の造語と言うことができるのが、当て字です。

「出多楽目」

スナックのネーミングです。「出鱈目」→デタラメ→「出多楽目」という仕組みです。

きっと羽目を外してほしい、愉快な店なのでしょう。でも、デタラメ＝目茶苦茶ではなく、「楽しさに多く出会える店」という気持ちを「出多楽目」という当て字に、込めているわけです。

ドンキホーテを「呑気放亭」

こちらは飲み屋さん。

どんぶり喰いてえを「どんぶり喰亭」

こちらはインスタントどんぶり用食品。

いずれも、語呂合わせと紙一重の当て字ですが、お店、商品の気分や雰囲気を、一所懸命伝えようとしています。

当て字といえば、その先祖は文明開化のときの日本人です。外来語を漢字に当てはめた。

アメリカを「亜米利加」
フランスを「仏蘭西」
イギリスを「英吉利」
ロンドンを「倫敦」
ベルリンを「伯林」

それぞれに、その国や都市の雰囲気を、実にうまく表現した当て字だと思いませんか。こんな「当て字作法」の伝統と財産を持っている私たちは、ネーミングにもっとその手法を活かしていいのではないでしょうか。

さすが文字の大先輩、中国の人の当て字には、もっと舌を巻きます。

コカコーラが「可口可」
BMWが「宝馬」
マルボーロが「万宝路」
オメガが「欧米茄」
キャノンが「佳能」
サントリーが「三得利」
ロレックスが「労力士」
ソニーが「索能」

外来語を中国語の音に当てはめようとする努力が、滲んでいます。ロレックスがなぜ「力士」なのか、ちょっとわからないのもありますが（力士は強い、ということでしょうか）。

◎意味の当て字

ところで、パイオニアは「先鋒」なんですね。ここが面白い。音の当て字だけでなく、「意味の当て字」という方法もあることがわかります。

この方式を採ったのも、明治人でした。

ROCKING CHAIRを「安楽椅子」
FOUNTAIN PENを「万年筆」
BASEBALLを「野球」

MOVIEを「活動写真」

要するに翻訳ですね。見事な意訳と言っていいかもしれない。万年筆って、逆に英訳すると「ETERNAL PEN」ですものね。考えてみれば万年筆とはすごい命名です。

「野球」が正岡子規の翻案ネーミングだという話は有名ですね。でも実は違うらしい。子規のことを相当詳しく描いている司馬遼太郎の「坂の上の雲」で、1行も触れられていませんからね。

でも、ともかく「BASE BALL」＝塁球を、「FIELD BALL」と捉えた。野の球。塁でなく野原。燦燦と降り注ぐ太陽と青空の下、ひろがる芝生……という本来のイメージ。

でも今は人工芝になってしまって、野球とは言えないと、私はかねがね思っている。今でもアメリカの本場の球場の芝生のきれいなこと！　なぜ真似しないのだろう、といつも思う。

野球を輸入したときのイメージを、なぜ大切にしないのだろう。天然芝は管理がたいへんなんて言わせない。サッカーがあれだけ美しい芝生を保てるのに、プロ野球は怠慢だと思いませんか？　話がすっかり脱線。戻ります。

「BALL PARK」を「球場」としたのは失敗だった、という意見が最近多い。「PARK＝公園」の楽しさが翻訳に入ってないというわけです。

とまあいろいろありますが、しかし、おおむね明治の人の言語感覚には、ネーミングをつくる上で学ぶべきことが多いといえるでしょう。


これらとちょっとレトリックが違いますが、

「Yシャツ」

も当て字としては、別格にうまい。

明治の人には「WHITE」が「ワイ」と聞こえたんですね。その「ワイ」を「Y」に置き換えた。当て字した。いやいや襟の形からきた、とい

う説もありますが。つまり、

ＷＨＩＴＥ↓ワイ↓Ｙ↓襟のイメージ

が合体しているわけです。言葉と視覚＝ビジュアルの合体。これは後で触れる「絵詞」に通じる手法です。

そう言えば、Ｔシャツ・ショップのネーミングに

「オールマイＴ」

というのがありましたが、同じセンスです。「Ｔシャツ」自体、すでに絵言葉。Ｔの字がシャツの形に似ているところからきているわけですが、それを略して更に「Ａｌｍｉｇｈｔｙ」の「ｔｙ」と「Ｔ」を掛けたわけです。

Ｔシャツのことならなんでもござれ、というオールマイティな店ですよ、というメッセージを込めたネーミングです。

略字ネーミング

「テイカロ」というネーミングに出会ったときは驚いた。低カロリーの略ですって。

「モトカノ」は元の彼女、「イマカノ」は今の彼女だそうです。

「スタパ」は何だかわかります？　スタジオパークの略字。なんとＮＨＫの番組名です。

「ビジ割」はビジネス割引。そう言えば「クールビズ」「ウォームビズ」のビズはビジネスの略です。

「パソコン」はパーソナルとコンピューターのそれぞれの最初の部分だけを残してつないだ言葉ですが、「ＰＣ」は、さらに縮めて、それぞれの頭文字だけで表わしています。超省略語、略して

超略語（ああ、ややこしい）。それがここでいう略字です。

「ＤｏＣｏＭｏ」は「Do Communication Mobile」の略、ということは有名ですね。「どこもかしこも」の掛け言葉になっているところが面白い。日本語の音と重なっていることで覚えやすくなっているんですね。

覚えやすい覚えにくいということで言えば、世に氾濫しているローマ字略語。あれはどうなんでしょう。

ちなみにＮの着く略語を挙げてみます。

「ＮＴＴ」
「ＮＣＣ」
「ＮＨＫ」

似たもの同士がどんどん思い浮かぶ。区別がつきにくいと思いませんか。「ＮＴＴ」は「Nippon Telegraph and Telephone」、「ＮＥＣ」は「Nippon Electric Company」、「ＮＨＫ」は「Nihon Housou Kyokai」、それぞれの頭文字。長い言葉を縮めて、頭文字を並べたものですが、こう似たものが集まるとネーミングとしては如何なものか。

それにしても、ＮＨＫが日本語のローマ字表記の頭文字だったとは、びっくりですね。くすぐったい。

こうした略記号ネーミングは、長い年月の内に憶えてなじんできていますが、ネーミングとしては差別性が生まれない。会社のイメージも伝わらない。なにしろ略字ですから、記号ですから、説き明かしてくれないとその意味さえわからない。それでも便利なものだから、この手の略字ネーミングは氾濫します。

似たもの同士をもう少し並べてみましょうか。

「ＪＡ」は「Japan Agriculture」
「ＪＴ」は「Japan Tobacco」

「JH」は「Japan Highway」

「JR」は「Japan Railway」

「JRA」は「Japan Racing Association」

若い世界でも負けてはいない。「HMV」はビクターのブランドネーミング。「His Master's Voice」の頭文字だそうです。

そう言えば「xyz」ってわかります？

「You are xyz.」という具合に使うらしい。「Examine Your zipper.」ジッパーが開いてるよ。社会の窓があいてるぜ。という意味ですって。

「ps」は「Post Script」の略で追伸。

「svp」はフランス語で「s'il vous plait」の略。

最近ではEメールの最後に「asap」と書いてアサップと読む。「As soon as possible」の略なのですって。そこまでいかなくても、

「MVP」は「Most Valuable Player」の頭文字。

「VIP」は「Very Important Person」の略で、これなんかはすっかり市民権を得ていますね。

しかし、同じ略すのでも、もう少し憶えやすく、音もよく、楽しい言葉にしつらえられないものでしょうか。

「JAL」

「ANA」

正式には「ジェイエイエル」「エイエヌエイ」なのだそうですが、みんな「ジャル」「アナ」と呼んでいる。アルファベットで呼ぶよりうんと呼びやすいし、憶えやすい。

同じ頭文字をつなぐにも、こうした配慮が必要ではないでしょうか。意味は希薄ですが、しかし少なくとも区別がつく。イメージも少し添加される。

「アナ」は女の子の名前アンナのようで、親しみやすさを醸し出しています。「ジャル」のイメージはどうかな？

というわけで、略された後の読まれ方まで心配りをして欲しい、と私は思うのです。そうした配慮がなされたのか、自然にそう呼ばれるようになったのかはわかりませんが、「UNESCO」なんか、呼びやすいだけでなく、なんだか雰囲気ありますよね。

「United Nations Educational Scientific and Cultural Organization」が「UNESCO」。なるほどでしょう。

「FIFA」は「Federation Internationale de Football Association」の略。

みんな「フィファ」と呼んでいる。ちょっと音感が軽いけれど、すっかりなじんでしまった。

最初に長い名前があって頭文字をつなぐのではなく、アルファベットを並べていい音をつくり、それに合わせて後から言葉を捜す、というややこしいことを、ネーミングづくりではしばしば行ないます。略語の後づけ、と呼んでいます。又の名を「コジツケ」。

この「FIFA」も英語綴りだと「International Federation of Association Football」で「IFAF（イファフ）」じゃ、ちょっとね。だからフランス語にしたわけでは、もちろんないだろうけれど。

「Spring Summer Autumn Winter Snow」の頭文字で、

「SSAWS（ザウス）」

怪獣みたいなネーミング。その姿が怪獣に見えなくもない千葉のスキードームのネーミングだったけれど、残念ながら今はなくなってしまった。一年中滑れるスキー場だから、四季の言葉を並べ替えて（アナグラムと言います）いたら、何となくできてきて、足りない「SNOW」を加えた節がある。「S」が二つというところも苦悩の色が見えて、どうも怪しい。でも面白いネーミングでした。

「DoCoMo」

も実によくできた略語だが、まず「どこもかしこも」という言葉が先に、浮かんだのではないでしょうか。つまりどこでも使える電話、どこでもつながるコミュニケーションツール。

「Do Communication over the Mobile Network」の略字だと言うのだけれど、どうも怪しい。英語の姿もぎこちない。後からつくったのではないかしらん。

こういうのを「後づけコンセプト」あるいは「コジツケネーミング」と言ったりします。

オノマトペ・ネーミング

オノマトペとは、擬音語、擬態語のことです。「やれやれ、難しそうだな」とあなたがぼそっと今つぶやいた、その「やれやれ」や「ぼそっ」がオノマトペです。無意識にどんどん使っている言葉です。

ほら「どんどん」もそうですよ。「ふむふむ、なるほど」とあなたがうなずいた、その「ふむふむ」も立派なオノマトペです。

「ココロハころころ変わらない」

ウイスキーのキャッチフレーズです。近年、広告にオノマトペが目立ってきました。なんだか片仮名が新聞広告やポスターで目につくようになったと思ったら、擬音語が増えているのです。テレビCMでも注意していると実に多い。
「さらりとした梅酒」
「キラリ夏AYU」
「お風呂できゅっきゅっきゅっきゅっ東京新聞」
広告は、いかに魅力的に商品の特長を伝えるか、に日々精進している世界です。一度見たら忘れられない、一度聞いたら耳から離れない。そんな言葉を求め続けている世界です。商品の多様化が進む時代の中で、当然広告も多様な表現に姿を変えていく。

いきおいレトリックの手練手管が磨かれ、言葉の洗練が尽くされてきました。そんな状況の中で、今なぜオノマトペなのでしょうか。一見、言葉の幼児返りとでも言えそうな現象が、確かに広がりつつあります。
「カラカラの友達にカルピス」
「変われるってドキドキ」こちらは、カローラのキャッチフレーズでした。

まさに、オノマトペはカルピスからクルマまで、と言うわけです。

好況の時代には、理屈や説得の広告で商品が売れました。今度の商品は、今までのものとここが違う。ここがすばらしい。生活をこう変えよう。人生観まで語る広告さえありました。

いわば論理的な広告が説得力をもって機能したのでした。

しかし、いったんバブルがはじけて、不況の底をなめるようなマーケティングの時代になってみると、正当な説得や綱夢を語る言葉は、すっかり無力になってしまった。

感性。本能的な感覚。そんな原始的なものが突然、力を持ってきた。理屈ではない、実感。説得ではない共感。そんな言葉がコミュニケーションの主役を演じはじめたのです。

と、考えないことには
「ヒューヒュー。桃の天然水」

などというキャッチフレーズが大手を振ってまかり通るといった現象の、説明がつきません。

そう、ナンセンス。意味が力を失って、フィーリングが主役に躍り出た。その表われの頂点がオノマトペなのではないでしょうか。

「シャキッとコーン」

ときたかと思えば

「シャキィィィィン」

と超オノマトペの出現。サッポロ冷製辛口という名の発泡酒です。今もっとも激しい商戦を繰り広げている発泡酒というジャンルであることが、象徴的かもしれません。

ともあれ、キャッチフレーズのオノマトペは、音感、食感、飲感、触感、視覚、なんだっていい。ふむふむ、と共感できる音（おん）をぶつけることで、消費者の胸を強引に開いてしまおうということなのでしょう。

前置きが長くなりました。さて、オノマトペはキャッチフレーズだけに留まりません。ネーミングの世界にも顕著に現われはじめています。

「きりり」キリンの清涼飲料のネーミングです。

「カリリ」はグリコのスナック。

「ぱっくりりん」は甘栗菓子。

「Ｑｏｏ」はコカコーラの飲料。

キャッチフレーズにオノマトペを活用するくらいなら、いっそネーミングにしてしまえ、というわけです。キャッチフレーズで消費者を導いて商品のところに連れて行く、というまだるっこい手続きを排除して、一気にネーミングだけに単純化すれば、商品への到着が近道だ、ということでしょう。

さっきの「シャキィィィィン」を例にすれば、そのキャッチフレーズで「冷製辛口」というビールに連れて行くという手続きを排除して、商品名自体を「シャキィィィィン」にしてしまえば、近道だというわけです。

「桃の天然水」は「ヒューヒュー」というネーミングにしてしまう。「キラリ夏ＡＹＵ」もいっそ、「キラリ」をネーミングにしたらどうなんだ。ということを「きりり」や「カリリ」たちは示唆していませんか。

もし、あなたの新商品が飲み物やスナックだったら、オノマトペは大いにトライする価値のあるジャンルです。採集サンプルを挙げておきました。参考にして、試作してみてください。

●いろんな感覚のオノマトペ
視覚オノマトペ…「ピカピカ」など
聴覚オノマトペ…「ガラガラ」など
触覚オノマトペ…「ヒリヒリ」など
味覚オノマトペ…「ピリピリ」など
心態オノマトペ…「オロオロ」など

●ひとつの状態にいろんなオノマトペ
「笑い」
・ゲラゲラ・フフフ・ケラケラ・ヘラヘラ・ニタニタ・カンラカラカラ・ニコニコ
「流れ」
・サラサラ・ピチャピチャ・バシャバシャ
・ヒタヒタ・ザアザア・ガブガブ・チャプチャプ
「糸」
・グニャグニャ・クネクネ・ウネウネ
・ギザギザ・グニャッ・ピーン・シャキーン

●ひとつのオノマトペに、いろんな状況の例
「キラキラ」眼・太陽・光・朝・夏・禿頭・金・ガラスなど

記号ネーミング

◎ローマ字の音を利用する

略字も記号の一種なのだけれど、略される前の意味がある。略される前の言葉には、それなりに内容があったわけです。ここで言う記号とは、ほとんど意味のない、ナンセンスな記号。独立したアナーキーなネーミングのことを指します。

「xy」

「ゼクシー」と読みます。リクルートの結婚情報誌です。この2文字はなんの頭文字でもありません。強いて言えば、染色体の「x」と「y」からだとか。

その染色体自体、記号ですよね。意味はありません。そう、数学の記号と同じ、約束ごとの文字、それがまさに記号です。

「y＝a×b」

などと同じですね。意味のない約束ごと。それが記号です。で、この「xy」は文字としては意味がない。しかし、文字自体に隠れた意味があった、というわけです。

最近では、

「AQドーナツ」

というのが、記号ネーミングの代表格です。「ドーナツ」というのはブリヂストンのタイヤのブランドネーミング。その改良版につけられたのが、「AQ」でした。もうおわかりのように、AQは「永久」の当て字なのです。音の当て字、記号の当て字、というわけです。

「U4」というラジカセが昔ありました。これはUFOの更なる記号化。一方、その「UFO」という名のカップヤキソバがあって、そちらは「ウマイ（Umai）太い（Futoi）大きい（Ookii）」

の頭文字だと言うのですから、複雑です。

さらに元を質せば、「Unidentified Flying Object」＝未確認飛行物体の略語だったわけですから、実に多重構造な記号ネーミングと言うことができます。なにが、ですって？　一番はじめの「Ｕ４」ですよ。

その「Ｕ４」はさらに改良され、たしか「Ｕ５」「Ｕ６」と改名していった記憶があります。こうなるともう、回りまわって、完全に無機的な記号に戻った、と言うことができますが。ところで「Ｕ２」というロックバンドがありますね、あれは一体なんの記号なんでしょうね。

こんな記号化ネーミングの手法は、さらに発展して、化粧品の
「ＱＴ」

を生む。「ＣＵＴＩＥ」の記号化です。日本語をローマ字に置き換えたのが「ＡＱ」なら、こちらは英語同士の置き換え。いろいろできるものでしょう？　考えてみれば日頃よく使っている「ＯＫ」という言葉も、「ＯＫＡＹ」という英語の、記号置き換えですね。

ついでにおまけに、ローマ字ネーミングを、もう二つほど。

「ＴＱ」なら低級。

「ＯＱ」は？

はい正解です。応急、でした。

◎アルファベットだけではない記号

記号は、アルファベットだけではありません。ギリシャ語だってネーミングによく使われます。「α」はミノルタのカメラ、「Σ」は三菱のクルマ、「Ω」はお馴染みの時計です。有名なバルザックの手紙のやりとりも、記号でした。

「？」と便箋の真ん中に1文字、ではない1記号を書いて、バルザックが出版社に送った。編集者からの手紙の返事は、同じく便箋のど真ん中に「！」だけ。

「?」は「売れ行きいかが?」と尋ねたクエスチョン。「!」は「売れ行き好調!」の返事だった、というエピソードです。

思いつくまま、ワープロの記号から拾ってみました。こんな記号も、ネーミングの素材になりそうです。

ネーミングに活用できそうな、いろんな記号

≒√∽÷∴∞×±
♀♂CC
℃$%〒
♪♭♯
ヽ○&

こんな記号がネーミングに使えるなんて思えない、という方へ。現に、こんなネーミングがありますよ。

「√gallery」ルートギャラリーと読む。画廊のネーミングです。

「10℃」はアパレルの有名なネーミング。

「♭♯」シャープス&フラットは、懐かしいバンドのネーミング。ずいぶん昔からある記号ネーミングですね!(記号を入れてしまいました)

「○、」というのは飲み屋の屋号。「まるてん」と読んで「まる店」と意識させるという仕掛けなのでしょうか。あっと驚く、記号ネーミングです。

記号というのは、それ自体が情報を持っている。だから、ナンセンスそうに見えて、なかなか表現力があるのではないでしょうか。

そんなことを考えていたら、こんなキリンの玄米茶!(余談ですが、エクスクラメーションマークのことを「雨だれ」と呼びます)出現!! 1000年生き続けて現存する最古の象形文字トンパ文字を、長年研究して紹介し続けているアートディレクターの浅葉克巳のデザインです。パッケージのど真ん中に、デン！ と座っている絵文字。カットのごとく使われているこのヒト型のもの、これがトンパ文字なんですね。

　文字なのだから、これがネーミングと考えてもいいのではないか。「元気」という意味の言葉らしい。

　もちろんこれ、絵文字とも言えるのだけれどあえて記号ネーミングとして紹介した次第です。

◎数字ネーミング

　第四銀行、十六銀行、百八銀行……数字がそのまま銀行名になっているのは全国で八つだそうです。

　かつて、百五十三銀行まであった。明治政府が１８７２年に制定した国立銀行条例によってつくられたネーミングなんですって。それが統合されて現在は八つだけなのだそうです。

　たとえば仙台の七十七銀行は、77番目にできた。わかりやすいといえばわかりやすい。外国人は行名を見てラッキーナンバー！ と言って喜ぶそうですが、覚えにくい数字もある。１５３行もあった時期にはけっこう混乱したのではないでしょうか。

　そういえば、コンビニのＡＴＭを中心に展開する「セブン銀行」だって、数字ネーミングと言えなくもないなあ、と思ったりもします。前に触れたように、ベンツやＢＭＷなど、クルマのネーミング体系にも数字は活躍しています。

まあともかく、数字ネーミングは実は多いのです。

「人よ人よに一見頃」

おなじみの言葉ですね。$\sqrt{2}$の覚え方でしたね。$\sqrt{2}=1.41421356$のいわば数字の語呂合わせです。$\sqrt{3}=1.7320508075$は「人並みに奢れやおなご」だったかな。最後の「おなご」がなんだか変で、でも今でもちゃんと覚えている。数字の音を言葉の音に置き換えて覚えるやり方は、とても有効な手段なのでしょう。

数字の語呂合わせ、略して「数語合わせ」とも言うべきこの方法は、電話番号を言葉に置き換えるなんて手口もおなじみです。

「部下に（上司）に恵まれなかったらオー人事、オー人事」というコピーでおなじみのスタッフサービスの電話番号は、0120-022-022。「022-022」の部分が「オー人事、オー人事」なんですね。


アートネイチャーの「いいな、ふさふさ」は0120-17-2323という次第。0120は、受信払い番号で同じですから、いずれも無視しているわけです。

ついでにアデランスは「黒々」0120-00-9696。00は覚えやすいからだろうか、無視していますね。この数語呂（お、これ、いい造語かも）のほうが、アートネイチャーの数語呂に勝ってるかもしれない。いずれも、持っていた番号を数語化したのか、あるいは数語化しやすい番号を取得したのでしょう。

どちらにせよコミュニケーション戦略、あるいは広告戦略として電話番号を活用する「数語呂戦略」と呼んでもいいものでしょう。

この手法を一歩進めて、ネーミングに活用できないものか。

つまりアートネイチャーを「フサフサ」というネーミングにしてしまう。アデランスを「クログロ」というネーミングにしてしまう。電話番号と同じにしてしまう。そうすれば、広告キャッチフレーズ止まりだった数語呂が、ネーミングに発展する、というちょっと乱暴なアイデアです。そんな馬鹿なことできないよ、とあなたはおっしゃいますか。では、「OIOI」の例を見てください。

この手の先駆者こそ「OIOI」です。全国のすべての丸井の電話番号が0101。そこまではいいとして、店名も「OIOI」にしまった。だから今「丸井」と書いたけれど、ピンとこなかったでしょう。「丸井」は看板から消えていますから。あくまで店名は「OIOI」です。

しかもそれだけではありません。この「OIOI」をさらに進化させています。ファッション館を「OICITY」ヤング館を「OIONE」。「OI」という数語を実に巧みに活用して展開しているのには、舌を巻いてしまいます。

社名（あるいは店名）の数語化ネーミング、乱暴ですか？　反対に革新的に思えてきませんか。

数字ネーミングの例をもう少々。

「19」

という名のバンド、「じゅうく」と読みます。このバンドの作詞をしているうちにイラストでも人気者になったのが

「326」

「みつる」と呼びます。かつて「鉄人28号」とか「ゴルゴ13」とか、スターウォーズに出てくる「C－3PO」とか「R2－D2」とかは、意味のないまさに単なる記号だったわけですが、ここに来て記号ネーミングは、語呂合わせになりつつあるようです。ローマ字と数字の合体では、

「2KI」痛快だそうです。

「10K」時計と読んでください。

「8K」夜景？　夜警？

などが考えられます。ヒントにしてください。

嵐山光三郎氏の記号文体

かの天才、嵐山光三郎さんは、かつてABC文体と123文体というものを発表なさっています。

以下は、その引用。解読してみてください。記号ネーミングと数語ネーミングの、訓練になります。

【記号レッスン】

＊次の文章を解読せよ。まずはKだけの記号文です。

「K視庁はKO大学の授業料がたKと文句を言った父Kを死Kにしたが、産K新聞は、そのK過をK載した」

＊次はいろいろABC語で。

「KA者は、Q人案内でとったE女を、ICてしまったのでR。で、いやらCことを要Qし、ハYで卑Yなあ Y恋、YYさYだその後で強制Yせつしちゃった。E女はPP泣いて、ハYのヤクザにEつけました。ヤクザは殺したるY！　と言いました。ほんとにこY話」

【数語レッスン】

＊まずやさしい「10」だけで。

「109」

「10民主党」

「10箱」

「10眠」

「10民」

「10医」

（答：東急・自由民主党・重箱・冬眠・住民・獣医）

＊少し上級へ。

「34」

「64」

「金魚8」

「12ン」

「52どうぞ」

「29」

「40忙しい」

「90を呑む」

「1004者」

「1005民主主義」

（答：三銃士・無視・金魚鉢・住人・御自由にどうぞ・二重苦・始終忙しい・苦渋を呑む・戦死者・戦後民主主義）

＊超上級です。

「10010」

「山上100000000ら」

「1000000000000人」

（答：饅頭・山上憶良・町人）

長い文章体ネーミング

◎2秒以上、目を止めさせる

長いことで目立とう。長いからこそ目立つ。これは、短いネーミングが多くなった反動と言っていいのかもしれません。

スーパーやコンビニで、客が商品を見て判断する時間は、2秒以内だという調査があるそうです。だからこそ、ネーミングはシンプルでできるだけ短く、強く、覚えやすく、と書いてきました。

ところが、それぞれに工夫を重ね、面白く、インパクトを持ったネーミングが氾濫してくると、逆に、ちょっとひねくれたものも、現われてきます。「よし、2秒以上視線を捉えてやろう」と、客の習性に挑戦する長いネーミングが出現してきます。

長いネーミングの理由は、もうひとつあります。前に述べたパッケージの広告化、という傾向が強くなってくると、少し詳しくネーミングで説明しないと、特長が伝わらない。

広告をあまりしてもらえない状況の中で、売らなければならないわけですから、商品は自身で語らなければならない。他に情報を伝える場所がないなら、パッケージの上で語らざるをえない。いきおい、ネーミングは説明的になり、長くなるのです。

例を挙げてみましょう。

「じっくりことこと煮込んだスープ」

と、かなり欲張ったネーミング。15文字です。この商品はさらに、進化というか長化を遂げていきます。

「じっくりことこと煮込んだ白湯仕立て牛テールスープ」

となり、さらに、

「じっくりとことこと煮込んだ七種類の野菜とレンズ豆が入ったインド風ベジタブルカレー」

もう、伝えたいことのすべてを臆面もなく書き連ねたネーミングと言うことができます。読み出したら、途中で止められない。

2秒どころか全読に10秒近くを要するネーミングです。

これはもう、覚えやすくというネーミングの基本を、完全に無視したやり方。長いことで目立つ——という逆手をとった作戦でしょう。目立って、おやおや、と立ち止まらせ、読ませてしまう。こうした文体は、落語の「寿限無寿限無……」を思い出させます。

長い長い名前のために、いろんな事件がおきるという、おなじみの噺です。ありがたいお経の文句からとった名前にするのだけれど、ありがたすぎて短くできない、という。

◎ネーミングのボディコピー化

こうしたネーミングの長語化は、パッケージの広告化、ネーミングのキャッチフレーズ化の後にきた「ネーミングのボディコピー化」と私は呼んでいます。言いたいことを全部、広告で言えばボディコピーの役割までを、ネーミングに託すという、欲張りな作戦なのです。

「海と太陽の恵みで洗うボディシャンプー」

「赤ワインと赤味噌で煮込んだ牛すじ煮込み」

まるでジャンルの違う商品ですが、狙いは同じでしょう。覚えてもらえなくたっていいのです。お店のその場で、勝負！　そこで手を伸ばしてもらえればすべてよしとする。そういうやり方です。

たとえば、

「レンジでチンするアッチッチチーズカマンベール風味」

24文字。いっそ

「電子レンジでチン！　と加熱してアツアツト

ロトロにした後チーズフォンデュみたいに野菜やクラッカーにつけて食べるカマンベール風味のチーズですよ」

68文字くらいにしたら、もっと目立つかもしれない。と皮肉のつもりで考えていたら、あるレストランでこんなネーミングの料理が並んだメニューを見つけましたよ。

「朝日に誘われて野原に出かけて摘んできた野菜が輪になってワルツを踊っているようなロマンティックなサラダ」

「一昼夜ずん胴の厚い銅鍋で煮込んだ後、1週間ぐっすりと眠り続けたら、こんなにおいしい夢を見たという牛煮込みの熱い物語をあなたに」

詳細の記憶はもちろんいいかげんなのだけれど、こうして大筋を覚えているということは、長くてもけっこう覚えるものだなあ、と思いました。

記憶させるには短いことが条件、と早合点してはいけないのかもしれません。造語だの、語呂合わせだの、記号化だの、ネーミングのいろいろな手練手管から遠く離れて、自由奔放なジャンル。大多数のネーミングがこう長くなっても困るし、そのときはまた短いネーミングに戻るに違いないのだけれど、この手法も忘れないでおきましょう。

寿限無……の全文

寿限無寿限無五劫の擦り切れ海砂利水魚の水行末雲来末風来末喰う寝るところに住むところやぶら小路ぶら小路ぱいぽぱいぽぱいぽのしゅうりんがんしゅうりんがんのぐうりんだいぐうりんだいのぽんぽこぴいぽんぽこぴのぽんぽこなぽんぽこなの長久命の長助

会話語ネーミング

人の名前で名詞でないものはない。犬や猫の名前だって、名詞でしょう。体言とも言います。

ネーミングは、日本語でいえば命名、名前ですから、本来、名詞であって当然です。それが基本でしょう。

ところが近年、名詞でないネーミングが登場してきました。

「すっぱくてごめんね」

飴のネーミングです。

キャッチフレーズみたいでしょ。そう、キャッチフレースは日本語でいえば惹句です。「句」ですからね、文章体でもいい訳です。

「センテンスのネーミング」があってもいい訳です。で、ネーミングがキャッチフレーズ化しているのですから、ネーミングが句になってもいいということになるのです。つまり、文章体のものがあっても不思議はない。会話体の言葉がネーミングになっても驚くには当たりません。前の項で触れた長—いネーミングたちも、考えてみれば、たいていは文章体ですし。

「写ルンです」

「あ！　あれたべよ」

どちらも会話体の、しかも文章です。この手の老舗としては、

「ごはんですよ！」

「お父さんがんばって」

があります。今も健在です。桃屋がはじめたこの文体は、

「お～いお茶」

あたりで完全に、市民権を得たのではないでしょうか。こうした会話体ネーミングは、今やスー

パー商品、コンビニ商品の主役かもしれません。

こうしたしゃべり口調ネーミングの氾濫の理由のひとつは、再三述べるように、キャッチフレーズ化が原因でしょう。しかし、それだけではないと私はこの頃、考えています。

スーパーやコンビニで人々は口をきかなくてすみます。無口にものを選び、無口にレジに運ぶ。しかし、温かい言葉に飢えているのではないか、と思うのです。だから、商品からの語り掛けが受けているのではないか。「ごはんですよ！」とか「お～いお茶」とか「写ルンです」といった語り掛けに弱いのではないか、と思うのです。

温かく語りかけられることで、無口の埋め合わせをしているのではないでしょうか。癒されているのではないでしょうか。

そしてまた、無口な場だからこそ、こうした呼びかけネーミングは成り立っているという皮肉にも気がつきます。もし、昔の八百屋やお菓子屋のように会話のある場だったら、こんなネーミングは照れくさくて成り立たない。大のオトナ同志が「お～いお茶、とごめんね、ください」「毎度ありー。ごはんですよ！と、あ！あれたべよ、はいかがですか？」

言えますか？これらのネーミングでは、会話がなりたちません。

子供だって「ごめんね、とすっぱくてごめんね、ちょうだい」なんて、照れくさくて言えないでしょう。

つまり、これらのネーミングは、口に出して呼ばれない、という前提で成り立っていると言えませんか。目には温かく語りかけるのだけれど、口には出さないネーミングなのです。不思議ですね。

ちょっと難しげに言えば、これらは、都会のディスコミュニケーションが求め、生んだ「癒しネーミング」なのです。

あなたの新製品がスーパーやコンビニなどを中

心に展開する予定のものなら、そのネーミングを「語り掛け系」にすることが、必要かもしれません。

ところで、最近のこの類の極めつけは、

「甘栗むいちゃいました」

とどめを刺す会話体ネーミングの一例です。

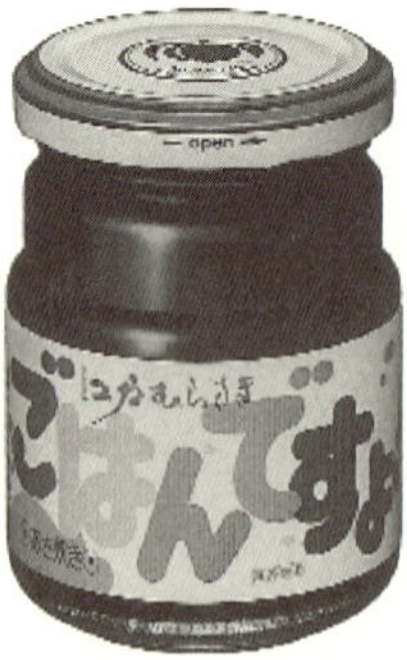

言葉遊びネーミング

◎回文

回文とは、上から読んでも下から読んでも同じ、というあれです。

「竹藪焼けた」

「とんまのマント」

とかね。この分野では名人といわれる我が師、土屋耕一先生がおられるから、その作品をいくつか紹介しないわけにはいかない。短いものでは、

「散々な難産さ」

「キネマの招き」

「鷺鳴く渚」

「床の間の琴」

「求む友」

なんていうのもあります。

超有名なのでは、

「軽い機敏な仔猫何匹いるか」先生の著書のタイトルになった。

すごい長いのもありますよ。

「遺産ほしげなのも来た　通夜に音あげ　義姉にやった着物なげし本妻」

ドラマがちゃんとあるでしょう。

「歌うら悲し　杖を手にし　明日を頼むなと米兵ベトナムの田を素足にて　嗚咽しながら歌う」

ベトナム戦争のさなかにつくられた名詩、と言っていい。しかも回文ですからね。

ちなみに先生の俳号は柚子湯（ゆずゆ）。ね、号までちゃんと回文になっている。

紹介しはじめると止まりそうもないので、このへんで本題へ。

お遊びとしてはおもしろいけれど、まさか回文のネーミングなんてないだろう、と軽率に決めつけてはいけません。

ネーミングを目立たせ、記憶に残すためのテクニックとして、こうした言葉遊びの手法も活かされています。

「ねるねるねるね」カネボウ・フーズです。

「木ツツ木」日曜大工の店です。

見た目にもおもしろいでしょう？　ロゴにしたときの視覚的な効果が大いに期待できそうです。

視覚的と言えば、ローマ字の回文。この場合は、綴りが前から書いても後ろから書いても同じものになります。読みは日本語の回文のようにはならないのですが。

「ＣＩＶＩＣ」ホンダのシビック。

「ＸＡＮＡＸ」ザナックスは野球のグローブ。

「ＸＡＸ」エグザスはスポーツジム。

「ＬＥＸＥＬ」レクセルはマンション。

「ＡＸＡ」アクサ生命保険です。

一度見たら忘れません。ビジュアルなネーミング手法です。「エッセ」「ワウワウ」「アヴィバ」とカタカナで書いては、わかりませんが、ローマ字で書くと、ほら、

「ＥＳＳＥ」

「ＷＯＷＯＷ」

「ＡＶＩＶＡ」

これらも、どれも回文です。

「ＳＵＭＵＳ」は偉い。ご覧のようにローマ字で回文だけでなく、片仮名で書いても読んでも、

「スムス」

スムーズからの造語でしょう。見事です。
◎逆立語とかアナグラムとか
回文ではないのだけれど、あっと驚く言葉遊びのネーミングを、紹介しておきましょう。

「バソキヤ」何だと思いますか？

私も聞くまではわからなかった。「ヤキソバ」を後ろから書いたもの。わけのわからんネーミングです。ナンセンスなんだけれど、聞いてみればセンスがあるという、大変化球のネーミングです。

「ＮＡＢＲＡＤ」

さあ、何の逆？　今度はわかりましたね。「ＤＡＲＢＡＮ」の逆さまですよ。

今、私、これらを逆立語（？）と命名しました。

このようにまったくの逆立ちではなく、めちゃめちゃに語を入れ替えるのを、アナグラムと言います。

「ＤＡＫＡＲＡ」は「ＫＡＲＡＤＡ」のアナグラム。「ＥＤＷＩＮ」は「ＤＥＮＩＭ」のアナグラムだそうです。

「イワナガ」で、ちょっとケーススタディをやってみましょうか。

「ガナワイ」にすれば逆立語ですが、めちゃめちゃに入れ替えると、

「ワイガナ」

「ナイワガ」

「ガイワナ」

と、いろいろできる。その中から、面白い言葉を見つけて遊ぶ言葉遊び。それがアナグラムです。

「NEWS」は「North East West South」の頭文字だと言われていますが、この並べ方を変えると、まず逆立ちさせて
「SWEN」

の他に、

「WENS」

「EWNS」

「WSEN」

「SNEW」

「ENWS」

「SEWN」

と、いろいろできるでしょう。で、その中から呼びやすい読みやすいものを探すと、「WENS　ウエンズ」「SNEW　スニュー」あたりでしょうか。そうやって、アナグラムのネーミングが生まれるかもしれないのです。

◎畳語

畳語、というのもネーミングの参考になるかもしれません。こちらは、わざと同じような音を重ねることで、印象を強める手法。畳みかけるから、畳語です。たとえば、おなじみ、

「すももも桃も桃のうち」なんかですね。

「月々に月見る月は多けれど月見る月はこの月の月」

「瓜売りが瓜売りに来て売り残し売り売り帰る瓜売りの声」

混乱しそうな語をわざと並べているのに、ほら、ちゃんと憶えているからふしぎですね。

さて、ネーミングです。

「キンキキッズ」

典型的な畳語です。「近畿の子供たち」という意味を伝えつつ、四つの「キ」でインパクトのあ

る音感をつくっている。特に真ん中で吃音のように「キキ」と並んでいるのが効果的です。

タレント・ネーミングが出たついでに、こちらは番組ネーミング。

「ドンドコドン」

「ココリコ」

「ウリナリ」

なんかが、やさしい畳語ネーミングでしょうか。元来、キャッチフレーズに畳語は多いんですよ。

「ちゃんとちゃんとの味の素」

は典型でしょう。

「キキキキモチイイ」

というのはタイヤのキャッチフレーズ。「キ」を四つ「イ」を二つ畳みかけて、タイヤのきしむ音を表現している。「効きがいい」「気持ちがいい」と、二つのことをこの畳語に込めているのです。

前に出てきたオノマトペの一種だと考えていい。擬音を畳語にしたとも言えます。

◎ナンセンス語ネーミング

「はっぱふみふみ」

この意味不明な言葉が流行ったのは1969年だそうです。アポロ11が月へはじめて人を連れていった年です。ずいぶん昔です。そんな昔に流行った、これはコピーです。パイロット万年筆のCMのセリフでした。大橋巨泉の迷セリフです。

全文を書くと、

「みじかびの、きゃぷりてとれば、すぎちょびれ、すぎかきすらの、はっぱふみふみ」

五七五七七、短歌の形式をとっている。巨泉さんは知る人ぞ知る俳人で、巨泉というのは俳号なんですね。だから、この科白も五七調。狂歌といった佇まいです。

しかし、考えてみれば、こうしたナンセンス言葉は、昔からあります。

「ずいずいずっころばし、ごまみそずい、ちゃつぼにおわれて、とっぴんしゃん」なんて、童謡や民謡にもしばしばナンセンスは見られます。その伝統が漫画の「レレレノレー」や「アジャパー」などに受け継がれています。

「どんでんでんねん」なんですか、これ?

あの阪神岡田監督とアホの坂田が、CMの中でひたすらラーメンを食べながら交す会話が、

「なんでんねん?」「どんでんでんねん」「どんでんでんねんて、どんなんでんねん?」「こんなんでんねん」

そのあと「うどんでんねん」と続いたような、続かなかったような……。まあ、ほとんどがナンセンスな言葉の羅列。それがばかばかしくおかしいのです。

「パラッパラッパー」

こちらも負けてはいない。プレステのゲームソフトのネーミングです。ラッパーに関係があるんでしょうかね。私にはわかりません。ナンセンスに思えるのです。

「いろはにほへと」

なんて店名も、考えてみればナンセンスでしょう。多少、「いろは」が「色は」を想起させて、ロマンチックな肌触りとなっているのかもしれません。

では、

「あかさたな」

「かきくけこ」

なんて、どうですか。「あかさたな」なら魚料理、「かきくけこ」は牡蛎料理、というイメージがあるのは、中に含まれている「さかな」や「かき」に近い音のせいでしょうか。

前項で、回文だの逆立語だの、相当ナンセンスなネーミングのつくり方に触れましたが、それでも、説き明かせば元の意味や姿がその後ろにかいま見えました。そんな隠れた意味も姿もなんにもない。これらは文字どおりのナンセンス(無意味)ネーミング法です。

七五調ネーミング

「痩せ蛙 負けるな 一茶 ここにあり」

「やれ打つな 蝿が手を擦る 足を擦る」

一茶です。俳句です。調子がいいですね。読んで気持ちいい。伝えやすい。声を出せば耳に心地よい。憶えやすい。それって、ネーミングの必須条件ではありませんでしたか。

俳句はいまさら言うまでもなく、五七五、計17文字の短形詩です。日本古来のこの詩歌には、今でも1000万人以上の愛好者がいるそうです。五七五の世界は、俳句だけでなく、短歌、川柳、狂歌、都都逸、民謡、謡曲、新内、義太夫、歌舞伎の科白にいたるまで……五七五です。

そしておなじみ歌謡曲も、交通安全の標語も負けてはいない。

「飛び出すな クルマは急に 止まれない」

「手を上げて 横断歩道を わたりましょう」

そして、これらのパロディが、あの有名な、

「赤信号 みんなで渡れば 恐くない」

五七五でなくても、七七で「乗るなら飲むな 飲んだら乗るな」とか、七五で「注意1秒 怪我一生」。とにかく5文字7文字が、日本人は好きです。広告も負けてはいません。

「ちゃんとちゃんとの味の素」

「日本人には風呂がある」

「クシャミ3回ルル3錠」

「みんな勝てたら、ええのにねえ」

いずれも七五です。

「なにも足さない。なにも引かない」モルトウイスキーは、七七です。七七も意外と多いですよ。

「ハワイ1回。ミンク一生」

「トランジスタがテレビを変えた」

もっと短くなると、7文字か5文字に収斂する。

「スーパードライ」

「ウオークマン」

「ロレックス」

「i-MODE　アイモード」

「iMAC　アイマック」

ほら、だんだんネーミングになってきた。

もっと短くなると、三文字になる。

「ガンバ」「ドコモ」「スイカ」「セリカ」

ネーミングの短形化は、とにかく七五三の奇数がよろしいようで。というお勧めでした。


しかし、偶数の名ネーミングもあるよ、という方にアドバイスです。以下、雑誌の名前で、

「クラッシー」「女性自身」「ブルータス」「文春」

実は、字数と書いてきましたが、五七三というのは音節（シラブル）数なのです。

日本語読みをした場合、「ク・ラッ・シー」は3音節。「ジョ・セ・イ・ジ・シン」と「ブ・ル・ー・タ・ス」は5音節なんですね。「ン」や小さい「ョ」、「ッ」は1音節として数えません。「ー」も末尾なら無視していい。


ちなみに、英語読みすれば「CLASSY」も「BLUTUS」も2音節です。

ついでに言えば、英語の俳句ももちろん音節で数えますから、けっこう長い句になるんですよ。

これは一茶の「我と来て　遊べや親のない雀」の英訳の一例ですが。

「Toddling orphan sparrow, Come and play!
I'm always your playmate」(三浦譲訳)

これで五七五です。

七五三とは、つまり、7音、5音、3音のことなのだ、と認識しておいてください。

絵言葉ネーミング

◎漢字はもともと絵だった

お店の壁にこんな張り紙、見たことありませんか。

「スイカあり〼」

その語法を利用して、サッポロの広告で、

「えびすビールあり〼」

というのがありましたね。あれはまだ記憶に新しいと思いますが。

さて、この〼なのだけれど、これは「ます」が「升」に置きかわり、さらに「〼」という図形になっているわけで、絵文字とも言える。判じ絵とも言えます。絵と字を掛けた、頓智ですね。

漢字は本来、象形文字ですから、山は山の形、川は川の流れ具合を表わしている。漢字はすでにして絵文字、絵言葉と言っていいわけですから、この〼ごときに驚くことはないのかもしれません。

ゴルフ宅急便の広告で、「帰りが楽だ」というコピーにラクダの絵を当てていました。

ＮＴＴの料金値下げのＣＭでは「料金を下げました」のところで、何とキムタクのヘアスタイルを「オサゲ」にしてしまった。

こうしたやり方は、単なる言葉の駄ジャレではなく、絵＝ビジュアルとの語呂合わせ。私は「絵ジャレ」と命名しました。

「ます＝升＝〼」と、けっこう同じ手口だと思いませんか。

さて、この絵ジャレ、日本には昔からおなじみなんですよ。次ページの模様をよく見てください。

「鎌の絵」と、「丸」と「ぬ」という文字。

これで、

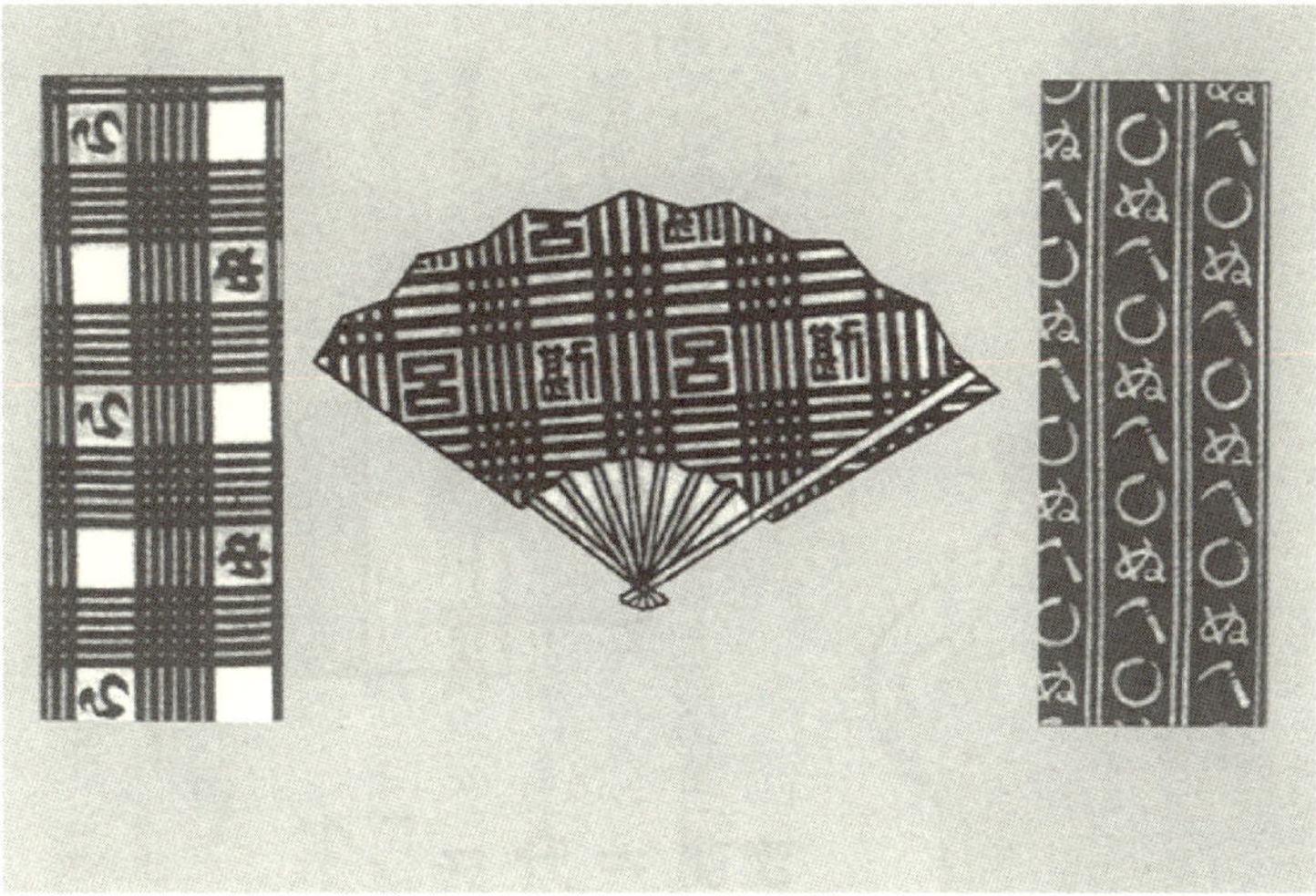

「中村」　「勘九郎」　「構わぬ」

「かまわぬ＝構わぬ」

と読みます。歌舞伎界で今も伝わっている文様のひとつです。判じ絵ですね。絵なぞなぞ。暖簾やおみやげの手拭いなどに染め抜いて、贔屓筋に贈ります。

役者と客の間のあ・うんのコミュニケーションとでも言いましょうか。文字どおり「洒落」ているでしょう?

「どんなことも気にせぬ、かまわぬ」と見栄を切っているのです。

そろそろネーミングの話にいきましょう。次の模様は勘九郎格子と呼ばれるものですが、さて、解読できましたか?

「勘」と「呂」の文字の間に線が何本ありますか? はい、ご名答。縦横で9本の線。

「勘九呂＝勘九郎」

というわけです。

「月並み」

もうひとつ、こちらは中村格子と呼ばれるもの。今度はもうわかりましたね。

「中」「6本の線」「ら」という絵ジャレ文です。

「中村」

さて、ネーミング作法に応用できそうな例を、おまけで紹介しましょう。

この「月と波」のデザインは、私が長年属している俳句の会のシンボルマークです。私たちの俳句は名人級ですが、謙虚さがウリなので自慢なんかできない。

「月並み＝月波」

と謙遜しているのです。

しかし「月並み句会」と宣言するのも悔しい。で、ニックネーム的に、絵文字ロゴと相なったのでした。

◎ロゴデザイン

こうして絵ジャレを眺めてくると、ネーミングとロゴタイプのあるべき関係が見えてきます。幸せなハネムーン、さらに結婚生活へと、いつのまにか移行した気配です。

ネーミングはあくまで言葉であって、まだ文字ではありません。文字あるいは絵となって、はじめて一人前になることを知っておいてください。

その文字化されたものをロゴタイプ、図案化されたものをロゴマークと呼びます。そのすべてを含めてロゴデザインと呼んでいます。

たとえば、「イワナガ」というネーミングが生まれた。その字をどんな文字にするのか。実は、それが大問題です。

やさしい「**イワナガ**」にするのか、かわいい「**イワナガ**」にするのか、はたまた力強い「**イワナガ**」にするのか。

と、ワープロで今いくつかの書体で打ってみました。書体によって、こんなにイメージが違います。平仮名にしてみましょうか。

いわなが
いわなが
いわなが
いわなが

漢字にしたら、今度は重々しい印象になります。

岩永
岩永
岩永
岩永

ローマ字なら、がらっとまた印象が変ります。

IWANAGA
IWANAGA
IWANAGA
IWANAGA

今、私はワープロのフォントから適当に選んで並べているのですが、ローマ字を例に表にしたよ

◆ローマ字　さまざまなフォント

Century Old Style

ABCDEFGHIJKLMNOPQRSTUVWXYZ
abcdefghijklmnopqrstuvwxyz
1234567890&%$?!()[]

Brush Script

ABCDEFGHIJKLMNOPQRSTUVWXYZ
abcdefghijklmnopqrstuvwxyz
1234567890&%$?!()[]

Futura Book

ABCDEFGHIJKLMNOPQRSTUVWXYZ
abcdefghijklmnopqrstuvwxyz
1234567890&%$?!()[]

Helvetica Rounded

ABCDEFGHIJKLMNOPQRSTUVWXYZ
abcdefghijklmnopqrstuvwxyz
1234567890&%$?!()[]

Kaufmann

ABCDEFGHIJKLMNOPQRSTUVWXYZ
abcdefghijklmnopqrstuvwxyz
1234567890&%$?!()[]

Times Roman

ABCDEFGHIJKLMNOPQRSTUVWXYZ
abcdefghijklmnopqrstuvwxyz
1234567890&%$?!()[]

Goudy Text

ABCDEFGHIJKLMNOPQRSTUVWXYZ
abcdefghijklmnopqrstuvwxyz
1234567890&%$?!()[]

Arnold Boecklin

ABCDEFGHIJKLMNOPQRSTUVWXYZ
abcdefghijklmnopqrstuvwxyz
1234567890&%$?!()[]

うに、書体は無数にあるのです。

それらの書体を選ぶだけではネーミングの持つイメージを表現できないとして、デザイナーたちは、さらに作字をしていきます。作字から作画に移行する場合もある。そうして、ロゴタイプからロゴマークへと作業が展開されていくわけです。

ネーミングの、ほんとうの最終的な仕上げは、こうしたロゴデザインによって完結する、といって過言ではありません。

この章の最後の〆として、実例をお見せしましょう。ひとつのネーミングでも、ロゴタイプによってこんなにも表情が違い、変わるんだということの、実際のサンプルです。

この例は、ある人材派遣会社のネーミング「JOBIA」に対して、グラフィックデザイナーの小島良平氏が試作してくれた、ロゴ案たちです。

鏤々述べたように、研鑽に研鑽を重ねてつくり、ようよう決定に至った素晴らしいネーミングでも、ロゴがいいかげんでは、仏つくって魂入れず、という事態を招いてしまうのです。こうしたデザインの切磋琢磨があってこそはじめて、ネーミングに真の命が吹き込まれるのです。

残念ながらここでは、重要性についてこの程度にしか触れられません。これ以上のことは、ロゴデザインに関する本を参照してください。

JOBIA

JOBIA

JOBIA

Jobia

Jobia

Jobia

JOBIA

JOBIA

JOBIA

6章

ネーミングのチェックポイント

ネーミング決定のチェックポイント

ネーミング案をつくる作業は終わりました。しかし、ここからが実は難儀なのです。ネーミング案はしばしばたくさんできすぎてしまう。できてしまったその膨大なネーミング案の中から、正しい案に絞ることこそ、実は難関なのです。

問題は絞る方法なのです。絞る、落とす「モノサシ」が必要になってくるわけです。

アプローチごとに、まさに根や枝のようにできてしまったネーミングの案のどれを捨てて、いい案だけに絞り込んでいくか。

「ネーミングをつくる仕事の半分は、決める仕事である」

と、常々私は言っています。それはつまり、そういう意味なのです。何十とつくっても、最終的に決めて使うネーミングはひとつです。1店にひとつだけです。1商品にひとつだけです。だから決め方が大事。言い換えれば、捨て方が大事なのです。

その捨て方のモノサシが、チェックポイントです。ネーミング案を取捨選別するためのチェックポイントは、次のとおりです。

◎チェックポイント①商品情報の凝縮は?

商品の特長や特質が、その案に表出しているか。おいしさとか美しさとか、他にないメリットが出ているか。イメージやシーンが浮かぶか。女性向けならそれなりのやさしさが滲んでいるか、といった基本的なチェックです。

◎チェックポイント②簡明か

商品情報が表現されているとして、その表現はわかりやすいか。そのターゲットの人が一瞬にして、たやすく理解できるか。説明されてようやくわかるようでは、競争の激しい市場で認識されない。

◎チェックポイント③類似性はないか？

どんなにいいネーミングでも、市場に似たものがあっては駄目です。いわんや同一のネーミングは不可。最終的には登録検査で振るい落とされるが、基本的な判断はこの段階でチェックします。

◎チェックポイント④サウンド性が優れているか

テレビCMやラジオCMでは、ネーミングは音として耳へ伝えられる。だから音の響き（サウンド）が大事とよく言われます。しかし、そんな宣伝をする前に、人は耳からネーミングを聞く。声に出して伝える。

『声に出して読む日本語』という本がベストセラーになりましたが、耳に美しく伝わることの大事さは、ネーミングにも当てはまるのです。

◎チェックポイント⑤視覚性は明快か

読みやすいか。字が複雑な並び方をしていたり、入り組んだりして、視覚的に美しくないと、魅力は半減します。ネーミングは必ずロゴタイプとしてデザイン化されますが、そのときに支障をきたします。デザイナーの視線での判断が必要です。

◎チェックポイント⑥覚えやすいか

一度聞いたら覚えやすい。一度見たら忘れられない。明快な文字、音が必須です。しかし、やさしい文字や音が必ずしも、覚えやすいとは限らないということにも留意しましょう。似た文字や音のネーミングが周辺にたくさんあると、やさしくても覚えにくいことがあるので、要注意です。

◎チェックポイント⑦呼びやすいか

耳に心地よい言葉は、呼びやすい言葉でもあります。声に出して読んでみる。呼んでみる。これが大事なチェックです。社名や店名の場合は、「はい、こちら〇〇〇です」とか「もしもし×××さんですか？」と声に出してみる。言いづらかったら、そのネーミング案は惜しげもなく捨てましょう。

◎チェックポイント⑧親しみやすいか

老若男女、誰にも愛されるネーミングでありたい。商品名も社名もおんなじです。親しみやすさのないネーミングは寿命が短い。長生きできません。呼んでみればおのずから、親しみが湧くかどうかもわかるでしょう。

◎チェックポイント⑨美しいか

音も字形も、美しいこと。つまり見た目も耳からも心地よい快感のあるネーミングであること。それが総合的な評価基準となります。何度も書いてみる。何度も読んでみる。そうすればそのネーミング案がふさわしいかどうか、自然と認識できるはずです。

◎チェックポイント⑩「らしさ」はあるか

たとえば飲み物なら飲みものらしさ。カメラならメカニックらしさ。トーン&マナーのチェックです。

モノやコトによって、次のようなチェックポイントが必要となるでしょう。

- **●先進感はあるか（IT商品などの場合）**
- **●重厚感はあるか（マンションなどの場合）**
- **●おもしろいか（ユーモラスな商品の場合）**
- **●耐久性はあるか（施設や会社名の場合）**

●技術感はあるか（機械などの場合）

●グローバル感はあるか（海外展開する場合）

など、ケースに合わせて設定してください。

チェックポイント①商品情報の凝縮、を細かく指定することでカバーするという方法でも、いいでしょう。いずれにせよ、商品によって特殊な事情を勘案せよ、ということです。

以上は、あくまで基本的なチェックポイントです。さらに分野ごとの精緻なチェックポイントが必要なのですが、ここでそのすべてを試作してお見せする余裕がありません。

こうしたチェックポイントは、たくさんできたネーミング案の取捨選択に役立てるということは先に述べました。

しかし、本当はもっと有効な使い方があるのです。ワーディング作業、ネーミング作業のかたわらに、これらのチェックポイント表を置いてほしいのです。

チェックしながらつくれば、無駄が少ない。できた端から、チェックポイント表でふるいにかけていく。よくない点があったら、そこでもう落としてしまえば、膨大にできた案を最後にふるうという大作業を比較的容易に避けられるのです。

というわけで、本当はネーミング本番作業の前に、設定すべきだったかもしれません。しかし、前に提示すると理解しにくくなると判断して、チェックポイントについては、この項で説明した次第です。

◆基本チェックポイント

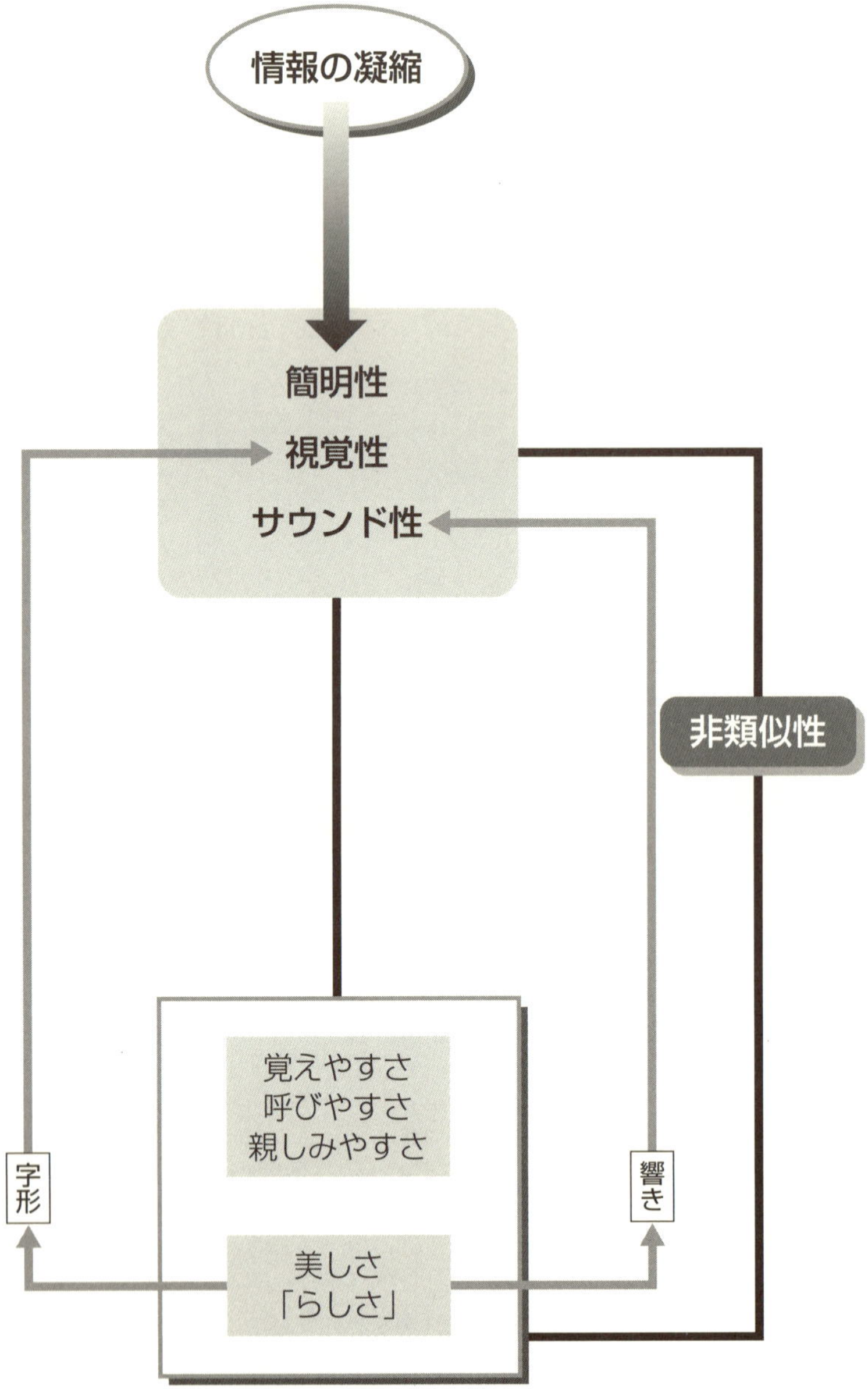
情報の凝縮
簡明性
視覚性
サウンド性
非類似性
覚えやすさ
呼びやすさ
親しみやすさ
美しさ
「らしさ」
字形
響き

音のチェックポイント

先程のチェックポイントで、音（おん）についていくらか書きました。いわく、サウンド性はあるか？　憶えやすいか？　耳に心地よいか？……

それらのチェックポイントは、ちょっと抽象的でした。憶えやすいとしてもどんな印象で憶えやすいのか、どんなイメージで心地よいのか、については触れていませんでした。

ここでは、具体的に音（おん）の性質を理解し知ることで、ネーミング案をチェックする。その手立てを提示していきましょう。

ネーミング案が、その商品の特性や味や機能にふさわしい音を持っているかどうかをチェックし、ふるいに掛ける。音は、ネーミングづくりの最後の関門です。この門をくぐってはじめて、ネーミング案はネーミングとしての地位を得るのです。

ネーミングは、呼ばれてこそネーミングである。流通業の人々やテレビやラジオなどのメディア、そして消費者。彼らの口に上るとき、ネーミングは自立するのです。誕生するといってもいい。

はじめに言葉ありき。そして、

「次に音ありき」

なのが、ネーミングなのですから。

さて。口に出して呼ぶ。耳から入る。強い音。やさしい音。鋭い音。重い音。賢そうな音。明るい音。荘重な音……。音にはいろんな性格があります。音相学的な視点と、私の長年の経験から得た音のイメージと性格を、並べてみましょう。

◎母音の性質

まず、母音。母音が本来持っている性質を整理したものです。

「あ・お・え・う・い・ん」

口に出して呼んでみてください。発音する際に開ける口の大きさの順です。「ん」はもちろん本来は撥音《はつおん》と呼ばれる子音ですが、開ける口の大きさから観察したいので、私はこの母音の順列の中にも入れています。

「あ」明るくて強く、大きいイメージ。優しさもあります。

「お」強い。大きい。重いイメージ。おおらかさに満ちています。

「え」やさしさ。静的。やや鋭さもある。情感豊かです。

「う」情感豊か。軽味もあり、どの母音よりも優しさがあります。

「い」鋭い印象です。知的なイメージが強く格調もあります。

「ん」重い音ですが、格調がある。知的で大きい

◆母音のチェックポイント

	明るさ	強さ	大きさ	格調	するどさ	やさしさ	知的	情感	重さ	軽さ	口の形
あ	◎	○	○	▲		○		▲	△		⬯
お	△	◎	◎	△					○		◯
え	▲				○	△	△	◎		○	⬭
う			▲			◎		○	▲	△	⬭
い				○	◎		○	△		◎	⬭
ん	○	○	△	◎	△		◎		◎	▲	—

イメージです。

まず、つくったネーミング案の母音を、この表を見ながらチェックしてください。その商品の性格、特長にふさわしい母音があるかどうか、確認してください。明るい強いイメージの商品なのに、「い」や「う」が多いネーミングは、ちょっと脇において考え直してください。逆に「あ」や「お」が多かったら、ひとまずはセーフ。合格というわけです。

◎子音の性質

次は、子音です。

子音は仮名表記がありませんから、しかたなく英字（発音記号）表記します。

子音は大きく分けると、二つのグループに分かれます。まず、

「f／h／l／p／r／w／y」

これらは、どちらかと言えば明るく、広がりのある子音です。特に「p」音は破裂音と呼ばれるだけあって、元気がいい。これに、母音の明るさがさらに加わると、

「ポンパ」「ピンポンパンツ」

という具合に、あっけらかんと底抜けに明るいネーミングが生まれます。

「p」と「a」と「o」という明るい組合わせに「ん＝n」の重さ（歯切れ）が加わって、強烈な印象です。

「ランラン」「パラパラ」「ハオハオ」など、ネーミングであろうとなかろうと、音のイメージは、ほら、同じでしょう。ばか明るい。

さて、一方、

「d／g／j／k／m／n／q／s／t／v／x／z」

などは、鋭く強く男性的です。

「d／g／j／v／z」

らは、いわゆる濁音と呼ばれるグループで、中でも「d」と「g」と「z」は、特に男性的で重

量感のある音です。

「DUDA　デューダ」「VEGA　ベガ」「ZONA　ゾナ」「XAX　エグザス」

どんどん力強くなってきます。

余談ですが、この「どんどん」だって、強いでしょ？　当り前のことですが、

「がんがん」「どかどか」「ずんずん」

といった擬態語や擬音語（オノマトペ）は、実に正直に、こうした性質を反映しています。

この他に、音引き（母音を伸ばす）は、動きが出る。アクティブなイメージが生まれる。吃音（小さい「ッ」で表わされる、詰まった音）はスピード感がある、といった性質も、チェックポイントとして憶えておいてください。

これらのチェックを経て、さあ、ネーミング案はようやく、正式なネーミングとしての地位に座る段取りとなるのです。

◆子音のチェックポイント

	明るさ	強さ	大きさ(広がり)	重さ	軽さ	鋭さ	やわらかさ	元気	男性的	女性的
b				△					△	
c	○	△			△			○		
d				○					◎	
f					◎		▲			○
g				◎		○			○	
h					○		△			△
j		▲						▲	△	
k		○				△		△		
l	△		△				○			△
m							◎		◎	
n	▲	◎	○	▲						
p	◎		○		○			◎		
q					△		△			
r	△		△							○
s					▲	○		△		
t		○				△				
v				△					▲	
w	○		◎					○		
x		△				▲				
y			▲				○			▲
z				○		◎			○	

7章
ネーミングの登録

ここまでで、チェックポイントを経ていくつかのネーミング案に絞られました。しかし、それらはただちに、ネーミングとして採用できるのか。

残念ながら、答えは否です。

ここに至って、最後の難関が待っているのです。その案と同じもの、あるいは似通ったネーミングの商標登録を、他社あるいは他人が持っていないかどうかをチェックしなければなりません。そして、すでにそのようなネーミングが登録されていた場合、残念ながらその案は使えない。登録されていない場合にだけ使用が可能なのです。

そしてその場合、当然のことながら商標の登録作業が発生します。

登録とは、ネーミングの専売特許です。そのネーミングを、あなただけが使える権利、他の人に使わせない権利のことである。

ネーミングの商標登録は特許庁で行なうのですが、調査の協力は特許庁関連の発明協会が代行してくれます。そのあたりの事情が、ネーミングが発明として扱われていることを如実に物語っています。

さて、このような一貫した作業は、弁理士と呼ばれる法的な資格を持った専門家に委ねればいいのですが、その作業の意味するところを理解しておかないと、ネーミング作業に思わぬ無駄が発生することになる。そうなると、いつまでたってもネーミングの船出はおぼつかない。

というわけで以下、大まかな商標登録の基礎知識を簡単に解説しておきます。

商標登録の条件

ここで、まず知っておかなければならないことは、登録は次の条件がそろわないとできないということである。

①出願人に権利能力があること。日本国内に住所のない外国人や、法人格を持っていないと出願できない

②その商標が自分の商行為に使うものか、将来使う予定が確かでなければならない

③その商品に、他の商品と識別できるだけの特徴がなければならない

④法律に定める不登記事由（後述）に該当しないこと

⑤すでに他人が登録した名前と同じであったり似ていてはいけない

この③以下、特に⑤が、類似の問題となって厳然と立ちはだかるのです。③以下を少し詳しく説明しましょう。

③商品の識別性

強い権利が得られる商標は、自分の商品と他の商品の識別ができなければならない。これは、商品企画に大いにかかわる問題だが、ネーミングは商品企画と親子の関係にあることが、法の世界でも認識されているということである。

ということで、他の商品との識別という点で著しい不都合を生じさせる可能性のある、以下のようなものは登録することができない。

〈普通名称〉

チョコレートの名前を「チョコレート」、醤油の名前を「しょうゆ」などと登録することはでき

ない。また、箸を「おてもと」、醤油を「むらさき」といった俗称でも登録することはできない。パンティストッキングを「パンスト」とするような略称でも、すでに社会的に通用している言葉なら不可である。

〈慣用用語〉

最初は商標であったにもかかわらず、長年慣用的に使われてきた結果、普通名称になってしまったもの。たとえば「清酒正宗」、「かきやまあられ」、「正露丸」、「雷おこし」などである。

〈商品の成立ち名称〉

産地、販売地、品質、原材料、効能、用途、数量、形状、価格、あるいは生産、加工、使用の方法、時期だけを表示したものは登録できない。

少し具体的に言うと、産地名や販売地名を表わす「山形」とか「九州」とか「インドネシア」、「銀座」、「北海道」などは登録を許可されない。

「茶の香り」、「贅沢」、「玄米せん」、「とりたま」などは、品質や原材料を表わす言葉として不可。

「クイックコピー」や「浮かぶプール」、「寝室時計」、「トイレコロン」などは、効能表示、用途表示ということで、やはり登録できない。

数や形状を表わす言葉としては、「1ダース」とか「5キログラム」、「大型」、「ミニサイズ」なども不可。「100円」、「100ドル」などという価格も、商品名として登録できない。加工方法の「うなぎながなが焼き」、「高周波焼き」などというのは、加工法の表示でダメ。「お湯を入れて3分」といった使用方法も登録できない。

生産方法というのは、「真空パック」とか「蒸留方式」など。時期を表わす「サマー」、「クリスマス」なども登録不可である。

〈氏名やありふれた名称〉

「岩永」、「田中」といった名字や、「道」や「文明」などといったありふれた名称は共有財産とみなされて、特定の人に権利を与えないというのが法の考え方なのだ。

極めて簡単な、ありふれたモノも同じ理由から許可されない。たとえば、「0」、「あ」、「A」といった単純なひとつの文字や記号、数字も登録性がない。

さらに、「おいしいお菓子」といったような、キャッチフレーズ的な言葉も許可されないケースが多い。近年、この手の長い文章体や会話体のネーミングが市場に氾濫していることは先に述べたが、それらがすべて商標を取っているとは言えないのだ。

しかし、ここで登録不可とは言っても、ネーミングとして使用できないというわけではない。登録はできないが使用はできる、というケースが多々あるということである。

つまり、登録不可には二種類あって、他がすでに登録している場合と、登録できない言葉の場合があるのだ。逆に言えば、登録されていないか登録不可の言葉なら使用できるというわけである。

ある言葉を登録調査するということは、この二つの可能性を調査することなのである。

④不登録事由に該当するもの

いわゆる、公序良俗に反する言葉である。猥褻な言葉、性器を表わす言葉などである。「あほ」、「馬鹿」、政治的な不穏当な言葉である「戦争遂行」、「反米」なども登録できない。まあ当然のことだろう。他人の名前や号、略号も該当する。

また、商品の出所の混同をきたすようなもの。たとえば、「ソニー」というパンを登録しようとしても許可されない。これまでに、商品の出所の混同を生じるとして不許可になったものに次のようなものがある。

織物として「ペコちゃん」、「ESSO」、石鹸として「味の素」、ミシンとして「NATIONAL」など。

この他に、商品の品質誤認のおそれがあるものとして、たとえば「イワ・パン」という商標を、「食品」すべてに認めてしまうと、この商標で飴を売り出した場合に、消費者が「アメ」を「パン」であると誤認しかねない。そうした、消費者にとっての混乱を防ぐために、品質の誤解を招くような商標は登録することができないというわけである。

⑤商標の類似

他人がすでに出願しているものと同じか、類似している商標を出願しても許可されない。これは、先願者の権利を守るためであり、二つの商品の区別がつきにくいと消費者が混乱するため、それを防ぐという目的もある。

そこで問題となるのが、どこまでが類似かという判断だが、これが難しい。

何をもって類似と言うか。一般的に特許庁は、以下の三つの側面から類似を判断すると言われている。これらのポイントを知っていれば、ネーミングを考える際、無駄な作業をしなくてすむので、少し詳しく解説を加えておきたい。

〈外観類似〉

商標のデザインに関することで、要するに見た目に似ていてはならない（ネーミングに直接関係がないため詳細は省略する）。

〈観念類似〉

クイーンといえば、誰でも女王を思い浮かべる。モーニングといえば朝。このように、そのイメージが混同されやすいものを観念類似という。審判で類似とみなされた商標には、「アストロボーイ」

と「鉄腕アトム」、「セイフティ」と「安全印」、「学習一年」と「学習一年生」、「ブーケ」と「花束」、「がん」と「KARI」などがある。

〈呼称類似〉

口に出して読んだ場合に、音がよく似ていること。これがもっともわかりやすい類似かもしれない。

・共に同音の呼称からなり、相違する1音が母音を共通とする場合。たとえば、「ポビタン」と「ピロビタン」、「ソルビン」と「ドルフィン」、「エトワール」と「エトラール」、「ノンキット」と「モンキット」、「エポック」と「メポック」。

・共に同音の呼称からなり、相違する1音が50音図の同行に属する場合。たとえば、「サンリッチ」と「サンリット」、「プロトン」と「プラロン」、「ジュンヌ」と「ジャンヌ」、「アポロ」と「アプロ」、「ベビーベット」と「ベビーポット」。

・共に同数音の呼称からなり、相違する1音が清音、濁音、半濁音の差にすぎない場合。たとえば、「クレカ」と「グレカ」、「キンガ」と「銀河」。

・相違する1音が共に弱音であるか、弱音の有無の差にすぎない場合。「やませい」と「ヤマセ」、「コスモ」と「COSMOS」、「金冠」と「キンカ」、「サンクロン」と「サクロン」、「ラドン」と「RADO」。

・相違する1音が長音、促音の有無、または長音と促音、長音と弱音の差にすぎない場合。「ハスキー」と「ハスキン」、「樹林」と「ジュリー」、「カンパック」と「関白」、「銘糖」と「MATE」、「ゲーツ」と「ゲッツ」。

・同数音からなる比較的長い呼称で、1音だけが異なる場合。「ストップミン」と「ストップチン」、「サイパトロン」と「サイモトロン」、「リバグロン」と「リバキロン」、「マリアート」と

「マリアーノ」、「パパセリン」と「パパフィリン」。

・比較的長い呼称で、1音だけ多い場合。「パンテックス」と「パテックス」、「旭光」と「朝光」、「キャンベル」と「キャンプベル」、「ウエストン」と「ウエルストン」、「プリテックス」と「プリステックス」。

・その他、全体の音感が近似する場合。「天神丸」と「電信丸」、「ミカロン」と「カミロン」、「ファミリア」と「ファミリー」、「ＳＵＮＫＩＳＴ」と「ＳＵＮＫＩＳＳ」。

調査を依頼された弁理士は、以上のような観点からネーミング案を判断することになります。これらの関門をパスしたネーミング案だけが、最終的な選択の俎上に乗ることになる。

しかし、調査にはかなりコストがかかるという事情もあって、何十案もの調査を依頼すると、あっという間に数十万円の費用がかかってしまう。そこでとりあえず、ラフな調査（簡易調査と呼ばれています）を自身でしておくといいでしょう。

かつては、特許庁に赴いて出願の月報をチェックしたものですが、幸い98年から特許庁は、情報公開の一環としてインターネット公開していきます。ホームページをクリックすれば、誰でも検索作業ができるようになりました（詳しくは次項で）。

あなたがつくった多数のネーミング案を、とりあえず、このインターネット・チェックでふるいにかける。そのうえで残った、可能性のありそうなネーミング案の調査、判断を弁理士に依頼するというのが、もっとも能率的、経済的な方法でしょう。

特許庁インターネット検索

まず、特許庁のホームページにアクセス。

http://www.jpo.go.jp/indexj.htm

検索サイトで特許庁と打ち込んでも大丈夫です。

ホームページから、

特許電子図書館（ＩＰＤＬ）をクリック

↓

商標検索をクリック

↓

称呼検索

検索画面にはキーワードを打ち込むボックスが三つ。上から、称呼・区分・類似群コードとありますね。

一番上の称呼ボックスに、あなたのネーミング案を、全角カタカナで入力します。

区分の入力ですが、ここでは無視していいでしょう。分類表では、同じ類の中にまったく異なる商品やサービスが含まれていることがあります。後ほど一覧表を載せておきますが、たとえば45類なんかですと、火災報知器の貸与と身の上相談が一緒になっています。

区分で調査するとそういう問題が生じ、また、類似商標、サービスが膨大な数に上ります。

そこで、有効なのが類似群コードです。

特許電子図書館トップページ

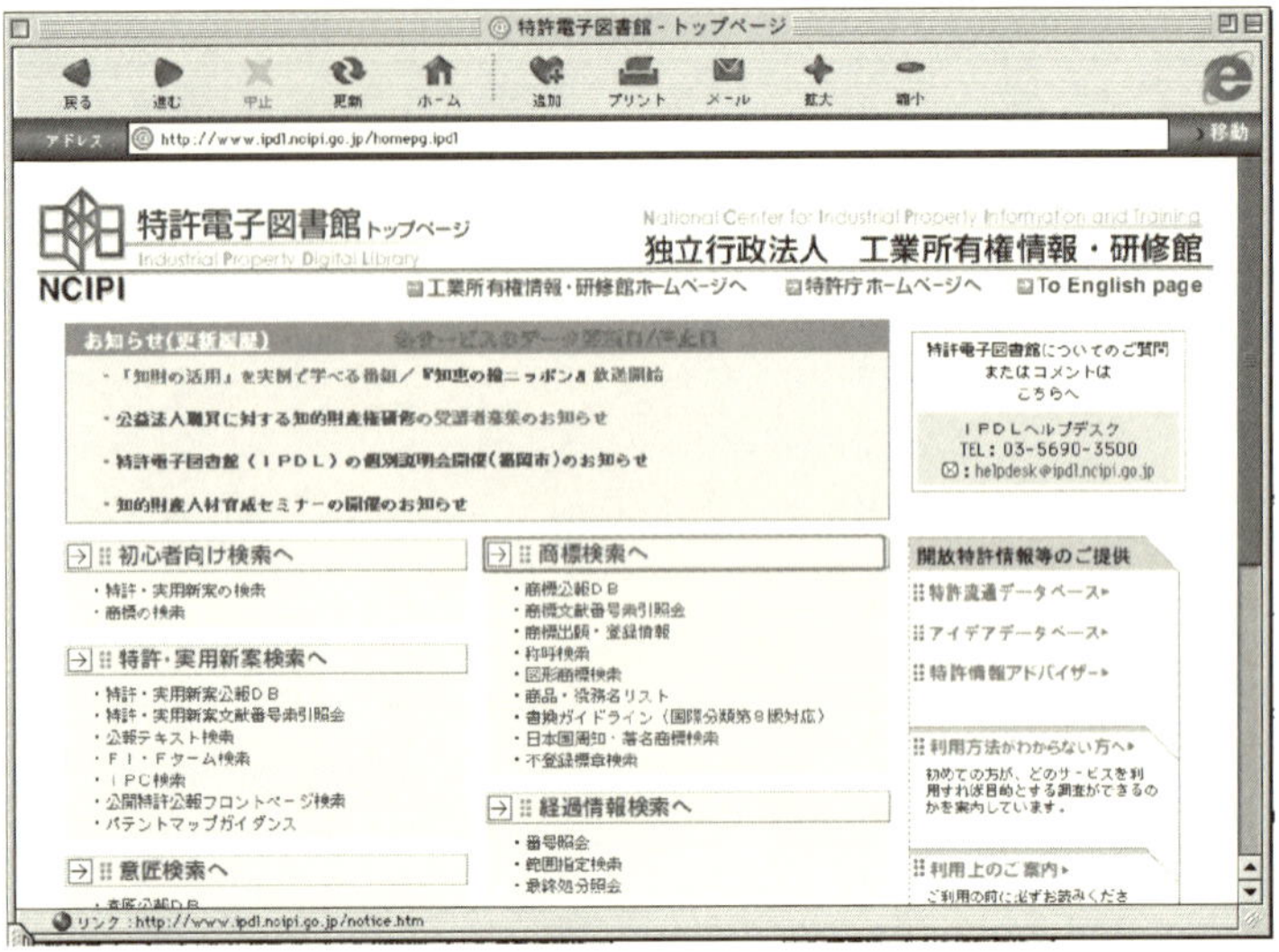

http://www.ipdl.ncipi.go.jp/homepg.ipdl

商標検索のページ

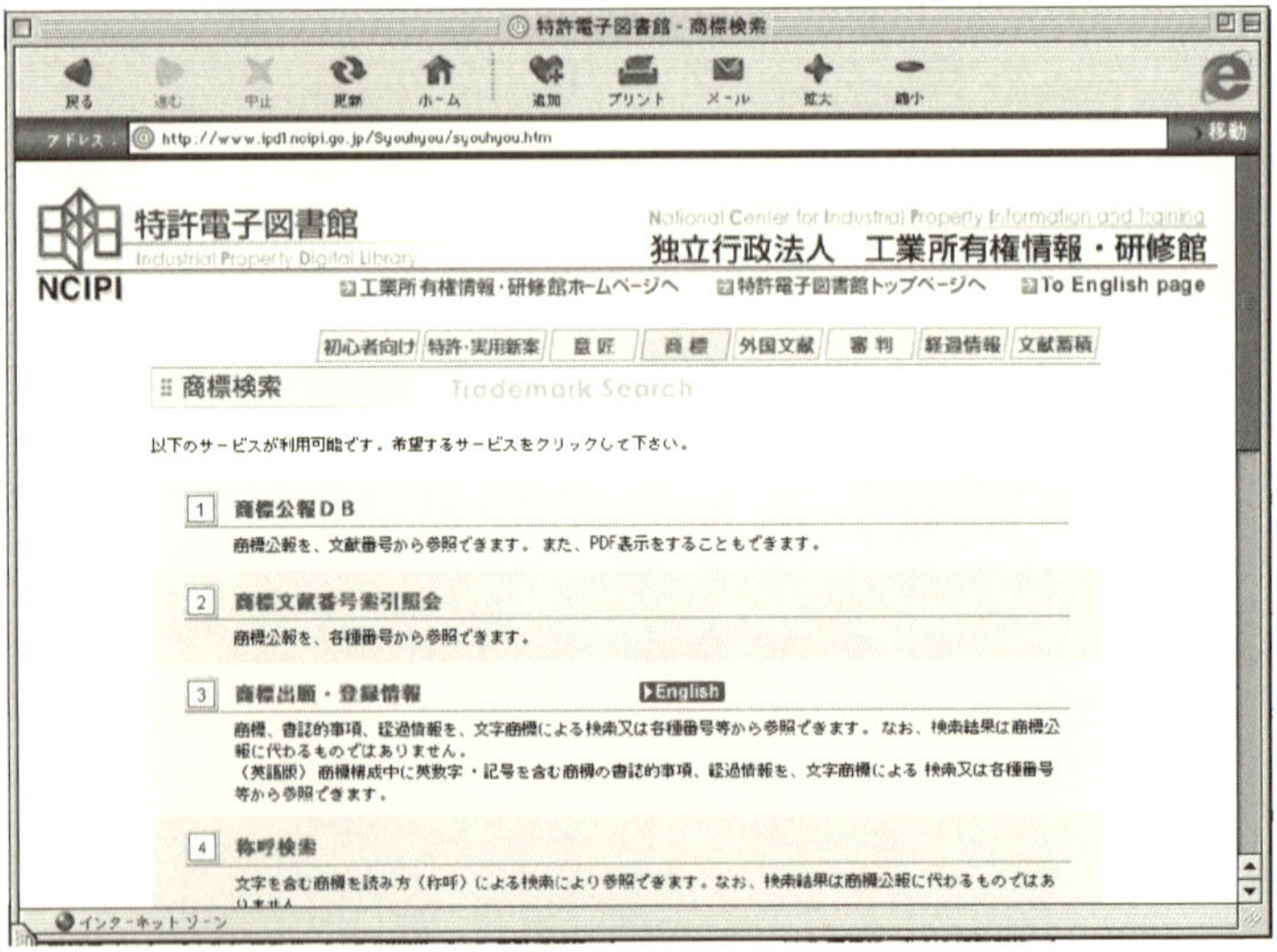

http://www.ipdl.ncipi.go.jp/Syouhyou/syouhyou.htm

●類似群コードの調べ方

コードの調べ方もいくつかあります。

ひとつは、特許庁の商標分類課に電話して聞く方法。これが一番手っ取り早いです（03-3581-1101）。

商標分類課につないでもらい、内容を説明すれば、すぐに対応してくれます。

ただ、時間外の問い合わせは不可能です。

夕方5時くらいまでだと思ってください。

特許庁の時間外にでも調べたい時に有効なのが、これから紹介するインターネットによる調査です。

先ほどの称呼検索画面の下方に商品・役務名リストというボタンがあるので、そこをクリック。入力ボックスが三つ出てきます。

一番上の商品・役務名に調べたい内容を入力。たとえば、クルマや洋服といったふうに具体的な商品名を入力し、検索実行ボタンをクリック。件数が出たら、リスト表示をクリックします。

検索結果が１０００件を越える場合はもう少し詳しい内容を入力します。コードは「０１Ａ０１」などのように表記されます。コードがわかったら、早速検索開始です。

商品・役務名リストをクリック

↓

商品・役務名に項目を入力

↓

検索実行ボタンをクリック

↓

リスト表示ボタンをクリック

たとえば、商品名に「車」と入力すると、たぶん２０００件以上ヒットします。そこで、区分のところに12と入力しましょう。すると3分の１くらいに減少します。12類の中には、自動車だけでなく、機関車や自転車なども含まれており、これらはいずれも自動車とは類似群コードが違います。

自動車を登録したいときは、これらの類似群コードを外して考えて大丈夫です。

つまり、自動車１２Ａ０５となります。

正式コード名は、「自動車並びにその部品及び付属品」です。

また、コードの一覧を見たいときは、先ほどの称呼検索画面右下のボタン、「類似商品・役務審査基準」をクリック。第１類から45類まで閲覧できます。

ただ、一覧になっていないので、いちいちクリックしないと中身が見られませんが……後ほど掲載の一覧を基に調べてみてください。

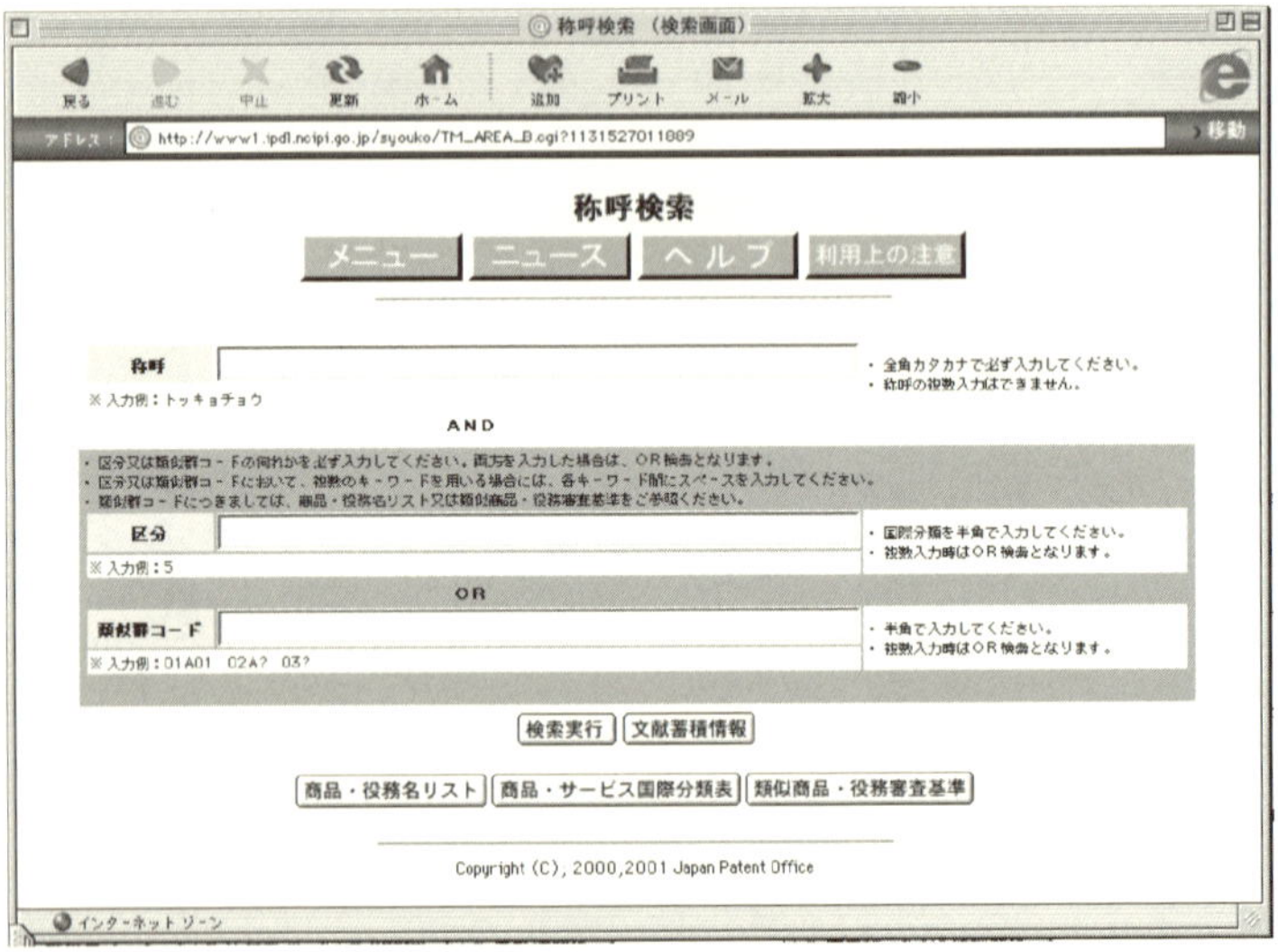

称呼検索のページ

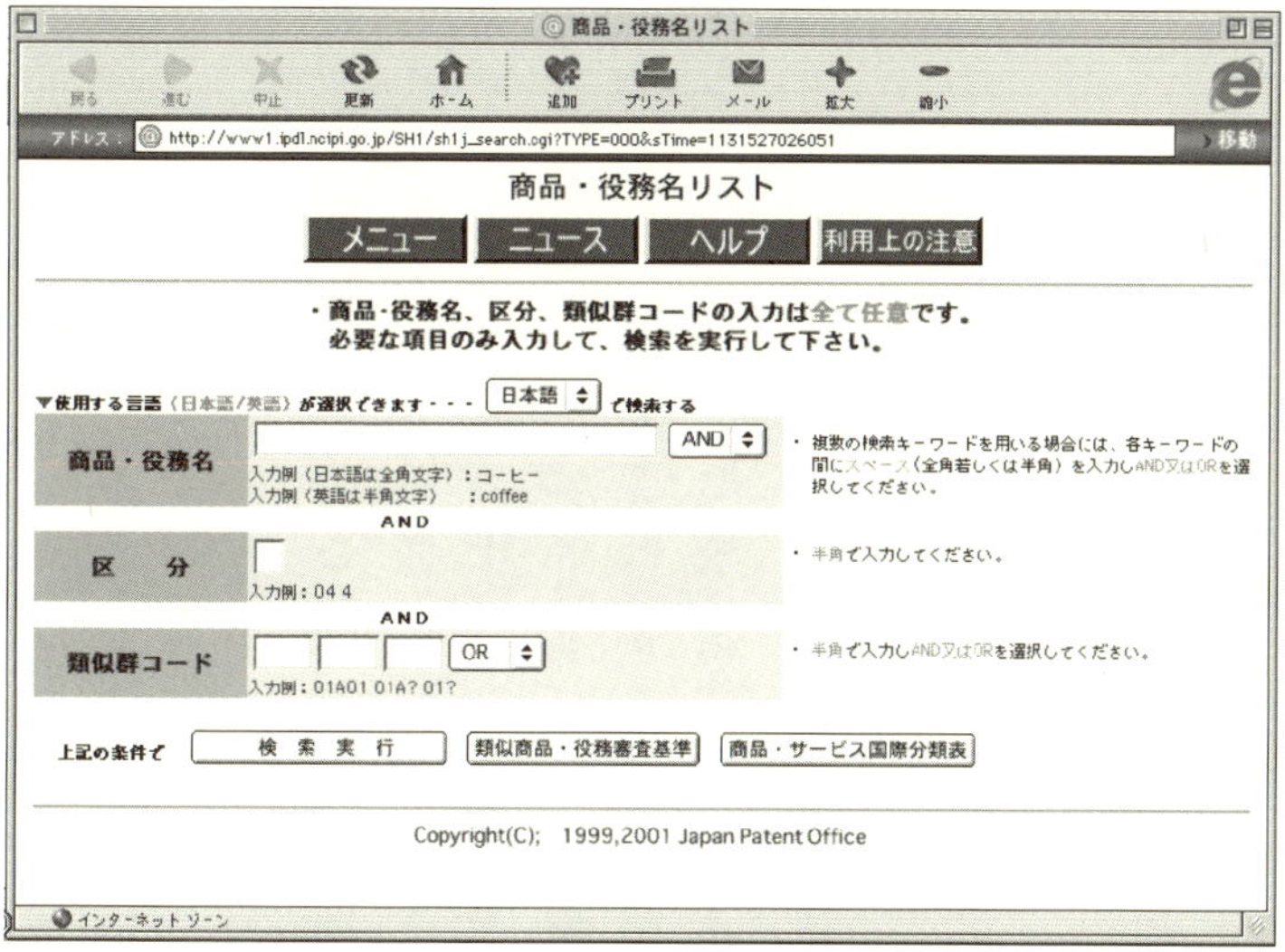

商品・役務名リストのページ

以上のこととは逆のやり方ですが、商標名から検索する方法もあります。たとえば、自動車のように類似コードの検索結果が多いときには有効な手です。すでに登録されている名前から検索し、その商標がどの類似群コードで登録されているかがわかります。

特許庁電子図書館のトップページの初心者向け検索で商標を入力します。では、やってみましょう。「ベンツ」と入力します。

21A01 21A02 21A03 21B01 21C01 21D01 21E01 21F01

という類似群で登録（防護）しています。他の自動車がこのコードで登録しているとは一概に言えませんが、他社商品と同じ内容の商品やサービスを出願する時には、このやり方がお勧めです。

また、このように多くの類似群で商標登録しているものにも有効です。ただ、こちらのほうが検索結果が多い場合ももちろんあります。ケースバイケースで使い分けてください。出願したい類似群コードをしっかりと把握しておくためにも慎重にしなければなりません。

どうしても、類似群がわからないというときは、迷わず特許庁に電話することをお勧めします。

インターネットは基本的にいつでも使えますが、データ蓄積やメンテナンスなどで、時折使えない場合もあります。その情報は、各サービスのニュースをクリックすれば見られます。電子図書館のトップページでは、全体のサービス停止情報がお知らせで見られます。

社名、商号などのインターネット検索

社名は登記になるので、基本的には商標登録の必要はありません。同一市区町村内に同一目的の業種で類似商号がなければ登記できます。

登記に関することは、法務局で行ないますが、簡単な事前検索方法を紹介します。しかし、これは同一名称の有無を検索するのであって、類似の検索はできません。悪しからず。

インターネットタウンページという便利なツールがあるので、それを使用しましょう。

アドレスはこちら。http://itp.ne.jp/lite/

キーワード、業種名一覧参照、店舗・企業名というチェックボックスがあります。店舗・企業名をチェックしてください。そして調べたい会社名、店舗名を上段のボックスに入力。下段には登記地を入力。たとえば、東京都新宿区のように。これまでは、ひらがな・カタカナ・漢字のみでしたが、このほど英字表記での登記も可能となりました。

また、本社や本店の移転の際に、その移転地に同一目的の類似商号がないかを調べます。支店に関しても同じです。インターネットタウンページは、基本的に同一のものがないかを調査するツールです。類似商号の判断は、登記所、司法書士などに相談するのがベターです。

インターネットでは、商標と違い、同一目的というのはどの業種までを含むのか、またどのレベルまでが類似と見なされるかを調査するツールはありません。

各地区の法務局の登記官が判断するので、登記したい市区町村の法務局出張所へ行く必要があります。

社名、商標登録するメリット

商号は基本的には、商標登録が必要がないと先にも述べましたが、登録をしたほうがいい場合もあります。

それは、『パルコ』や『ルミネ』などのような、複合商業施設の場合です。もちろん上の二つは登録商標です。誰もが知っている有名なファッションビルですから、同じ名前のものが出てきたら、いい気はしませんよね。そこで、商標として、登録するわけですが、他にも理由があります。

その名前を商品やサービスに反映させる場合、たとえば、ビルに付随してある映画館やレストランなど、この際には不動産関係（36D01）で登録すべきでしょう。その施設のアイデンティティを確立することにもなります。

商標登録しなくても、社名や商号の使用は可能ですが、仮に別の企業が同じ名称であった場合、広告でその名称を表記したり、サービス名称として流通した際に訴えられる可能性があります。最悪、名前の差し替えか、損害賠償を請求されることもありますので、注意してください。

わかりやすく言えば、誰もが知っている「SONY」。関連会社や各種窓口など、全国的にあらゆる地域で登記しています。W杯で有名になった、中津江村には登記がありませんが、登録商標なので、ソニーという名の商店を出せば、裁判は免れません。

以上、要点を整理しておきます。

- 調査する地区は本籍地
- 英字表記が可能になりました
- 登録商標された社名や商号は避ける

・将来、企業名や店舗名の商品やサービスを展開する可能性が高い場合は商標として出願する
・同業種の類似商号は×
・本社・本店の移転に際しても、移転先に同業種の類似商号がないかを調査する
・登記する市区町村内の法務局に行く

以上、長々と説明しましたが、わかっていただけたでしょうか。これでも私としてはかいつまんでわかりやすく説明したつもりです。

というわけで、登録商標のややこしい、しかし重要な作業はこれでおしまい。

こうして、最初にあなたが考えた数多くあったネーミング案は、
〈チェックリスト〉
によってどんどん削ぎ落とされ、さらに、
〈特許庁のインターネット検索〉
でふるいにかけられ、最後に、
〈弁理士の調査、判断〉
という長い道のりを経て、ついに決定されるのです。

そして、決定されたネーミングが
〈登録申請〉
される（会社の法務からか、弁理士に代行依頼します）という運びになって、ようやくネーミング制作はゴールを迎えるのです。

◆商品ネーミングのプロセス（＆ロゴ＆パッケージ）

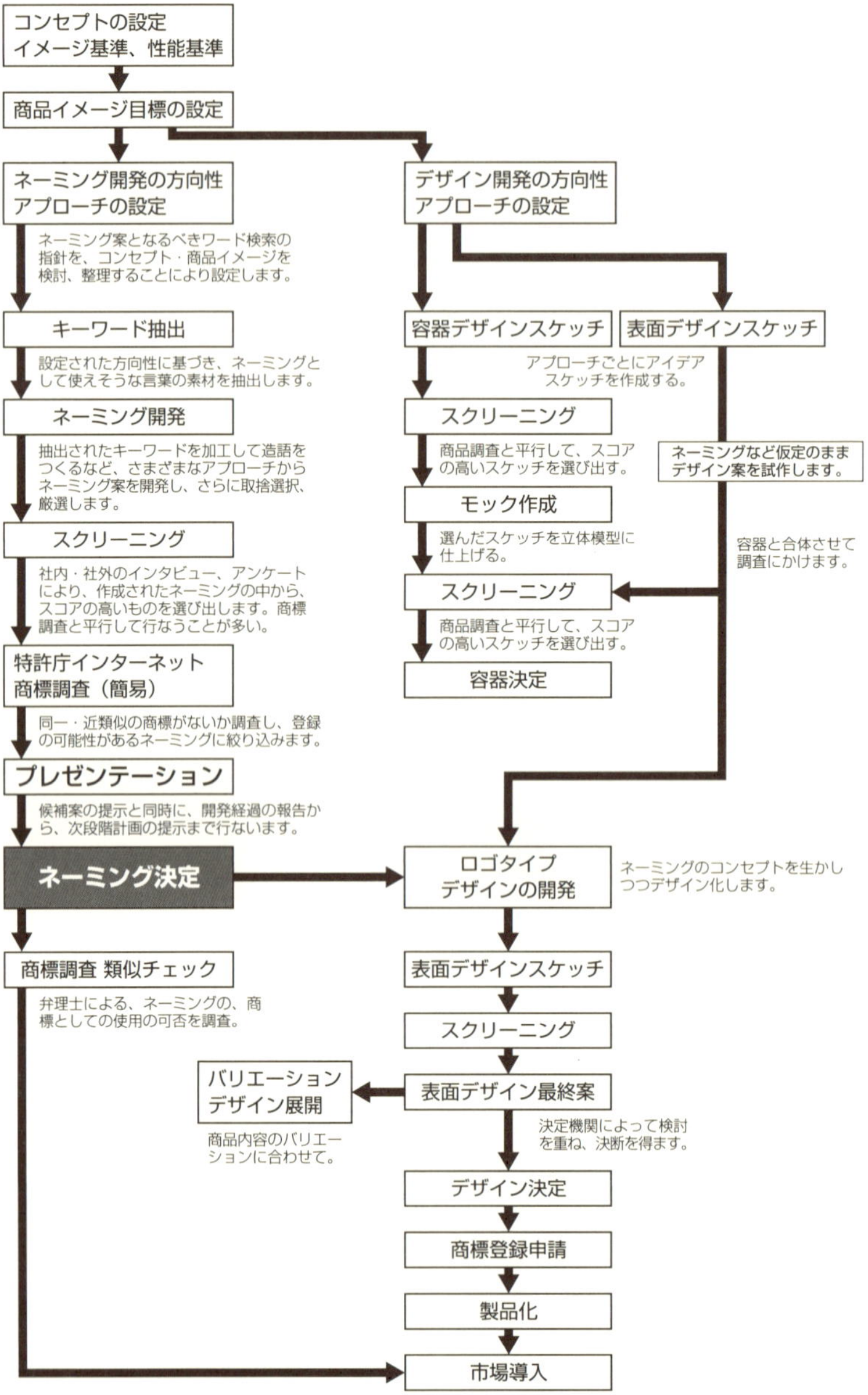
コンセプトの設定
イメージ基準、性能基準
商品イメージ目標の設定
ネーミング開発の方向性
アプローチの設定
ネーミング案となるべきワード検索の指針を、コンセプト・商品イメージを検討、整理することにより設定します。
キーワード抽出
設定された方向性に基づき、ネーミングとして使えそうな言葉の素材を抽出します。
ネーミング開発
抽出されたキーワードを加工して造語をつくるなど、さまざまなアプローチからネーミング案を開発し、さらに取捨選択、厳選します。
スクリーニング
社内・社外のインタビュー、アンケートにより、作成されたネーミングの中から、スコアの高いものを選び出します。商標調査と平行して行なうことが多い。
特許庁インターネット
商標調査（簡易）
同一・近類似の商標がないか調査し、登録の可能性があるネーミングに絞り込みます。
プレゼンテーション
候補案の提示と同時に、開発経過の報告から、次段階計画の提示まで行ないます。
ネーミング決定
商標調査 類似チェック
弁理士による、ネーミングの、商標としての使用の可否を調査。
デザイン開発の方向性
アプローチの設定
容器デザインスケッチ
表面デザインスケッチ
アプローチごとにアイデアスケッチを作成する。
スクリーニング
商品調査と平行して、スコアの高いスケッチを選び出す。
ネーミングなど仮定のままデザイン案を試作します。
モック作成
選んだスケッチを立体模型に仕上げる。
容器と合体させて調査にかけます。
スクリーニング
商品調査と平行して、スコアの高いスケッチを選び出す。
容器決定
ロゴタイプ
デザインの開発
ネーミングのコンセプトを生かしつつデザイン化します。
表面デザインスケッチ
スクリーニング
バリエーション
デザイン展開
表面デザイン最終案
商品内容のバリエーションに合わせて。
決定機関によって検討を重ね、決断を得ます。
デザイン決定
商標登録申請
製品化
市場導入

◆企業・店舗ネーミングのプロセス（&C.I.&広報）

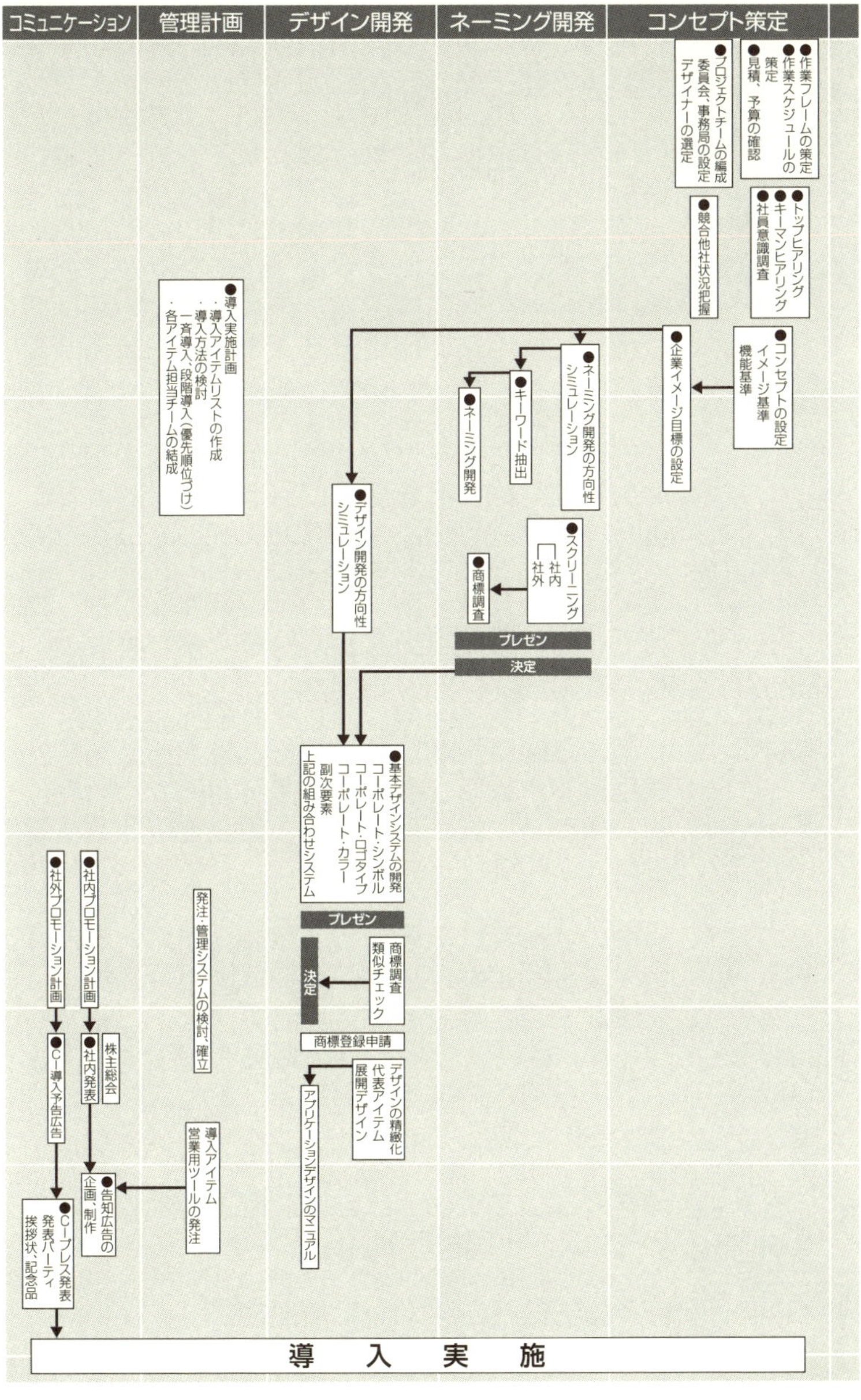
コミュニケーション
管理計画
デザイン開発
ネーミング開発
コンセプト策定
●作業フレームの策定
●作業スケジュールの策定
●見積、予算の確認
●プロジェクトチームの編成
委員会、事務局の設定
デザイナーの選定
●トップヒアリング
●キーマンヒアリング
●社員意識調査
●競合他社状況把握
●コンセプトの設定
イメージ基準
機能基準
●企業イメージ目標の設定
●ネーミング開発の方向性
シミュレーション
●キーワード抽出
●ネーミング開発
●スクリーニング
社内
社外
●商標調査
プレゼン
決定
●導入実施計画
・導入アイテムリストの作成
・導入方法の検討
一斉導入、段階導入（優先順位づけ）
・各アイテム担当チームの結成
●デザイン開発の方向性
シミュレーション
●基本デザインシステムの開発
コーポレート・シンボル
コーポレート・ロゴタイプ
コーポレート・カラー
副次要素
上記の組み合わせシステム
プレゼン
商標調査
類似チェック
決定
商標登録申請
デザインの精緻化
代表アイテム
展開デザイン
アプリケーションデザインのマニュアル
発注・管理システムの検討、確立
導入アイテム
営業用ツールの発注
●社外プロモーション計画
●社内プロモーション計画
●CI導入予告広告
●社内発表
株主総会
●告知広告の企画、制作
●CIプレス発表
発表パーティ
挨拶状、記念品
導入実施

◆新商標法における商品とサービスの類別表

第1類	工業用、科学用、写真用、農業用、園芸用及び林業用の化学品、未加工人造樹脂、未加工プラスチック、肥料、消火剤、焼戻し剤及びはんだ付け剤、食品保存用化学剤、なめし剤、工業用接着剤
第2類	ペイント、ワニス、ラッカー、防錆剤及び木材保存剤、着色剤、媒染剤、未加工天然樹脂、塗装用、装飾用、印刷用及び美術用の金属箔及び金属粉
第3類	漂白剤及び洗濯に用いる他の物質、清掃剤、つや出し剤、擦り磨き剤及び研磨剤、せっけん、香料、精油、化粧品、ヘアローション、歯磨き
第4類	工業用の油及び油脂、潤滑剤、塵埃吸収剤、燃料（原動機用燃料を含む）及びイルミナント、ろうそく、灯芯
第5類	薬剤、獣医科用剤及び衛生剤、食餌療法剤、乳児用食品、膏薬、包帯類、歯科用充てん材料、歯科用ワックス、消毒剤、有害動物駆除剤、殺菌剤、除草剤
第6類	一般の金属及びその合金、金属製建築材料、運搬可能な金属製建築物、鉄道線路用金属材料、一般の金属から成る電気用でないケーブル及びワイヤ、鉄製品、小型金属製品、金属管、金庫、一般の金属から成る商品であって他の類に属さないもの、鉱石
第7類	機械及び工作機械、原動機（陸上の乗物用のものを除く）、農業用器具、ふ卵器
第8類	手持ちの工具及び器具（手動式のもの）、刃物類、携帯用武器、かみそり

第9類	科学用、航海用、測量用、電気用、写真用、映画用、光学用、計量用、測定用、信号用、検査（監視）用、救命用及び教育用の機器、音響又は映像の記録用、送信用又は再生用の装置、磁気データ記憶媒体、録音盤、自動販売機及び硬化作動式機械用装置、金銭登録機、計算機、データ処理装置及びコンピュータ、電子計算機用プログラム、電子出版物、消火器
第10類	外科用、内科用、歯科用及び獣医科用の機器並びに義肢、義眼及び義歯、整形外科用品、縫合用材料
第11類	照明用、加熱用、蒸気発生用、調理用、冷却用、乾燥用、換気用、給水及び衛生用の装置
第12類	乗物、陸上、空中又は水上の移動用の装置
第13類	火器、鉄砲弾及び発射体、火薬類、花火
第14類	貴金属及びその合金並びに貴金属製品又は貴金属を被覆した製品であって他の類に属さないもの、宝飾品、貴石、計時用具
第15類	楽器
第16類	紙、厚紙及びこれらを材料とする商品であって他の類に属さないもの、印刷物、製本用材料、写真、文房具、文房具としての又は家庭用の接着剤、美術用材料、鉛筆及び塗装用ブラシ、タイプライター及び事務用品（家具を除く）、教材（器具を除く）、プラスチック製包装用品（他の類に属するものを除く）、遊戯用カード、活字、印刷用ブロック

第17類	ゴム、グダペルカ、ガム、石綿及び雲母並びにこれらを材料とする商品であって他の類に属さないもの、製造用に押出成形されたプラスチック、詰物用、止具用及び絶縁用の材料、金属製でないフレキシブル管
第18類	革及び合成の革並びにこれらを材料とする商品であって他の類に属さないもの、獣皮、トランク及び旅行用のバック、傘、日傘及びつえ、むち、馬具
第19類	金属製でない建築材料、金属製でない建築用硬質管、アスファルト、ピッチ及び歴青、金属製でない運搬可能な建築物、金属製でない記念物
第20類	家具、鏡、木材、コルク、葦、籐、柳、角、骨、象牙、鯨のひげ、貝殻、こはく、真珠母、海泡石若しくはこれらの材料の代用品から成り又はプラスチックから成る商品（他の類に属するものを除く）
第21類	家庭用又は台所用の器具及び容器（貴金属または貴金属を被履したものでないもの）、くし及びスポンジ、ブラシ（絵筆及び塗装用ブラシを除く）、ブラシ製造用材料、清掃用品、スチールウール、未加工又は半加工のガラス（建築用のものを除く）、ガラス製品、磁器製品及び陶器製品であって他の類に属さないもの
第22類	ロープ、ひも、網、テント、日よけ、ターポリン、帆、袋（他の類に属するものを除く）、詰物用材料（ゴム製又はプラスチック製のものを除く）、織物用の未加工品
第23類	織物用糸

第24類	織物及び織物製品であって他の類に属さないもの、ベットカバー及びテーブルカバー
第25類	被服、履物、帽子
第26類	レース及びししゅう布、リボン及び組ひも、ボタン、ホック、ピン及び針、造花
第27類	じゅうたん、ラグ、マット、リノリウムその他の床用敷物、壁掛け（織物製でないもの）
第28類	ゲーム用品及びおもちゃ、体操用品及び運動用品であって他の類に属しないもの、クリスマスツリー用装飾品
第29類	食肉、魚、家きん及び猟の対象となる鳥類、肉エキス、保存処理、乾燥処理及び調理した果物及び野菜、ゼリー、ジャム、フルーツソース、卵、ミルク及び乳製品、食用油脂
第30類	コーヒー、茶、ココア、砂糖、米、タピオカ、サゴ、代用コーヒー、穀粉及び穀物調整品、パン、菓子、氷菓、はちみつ、糖みつ、ベーキングパウダー、塩、マスタード、酢、ソース、香辛料、氷
第31類	農業、園芸及び林業の生産物並びに穀物であって他の類に属さないもの、生きている動物、生鮮の果物及び野菜、種子、自然の植物及び花、飼料、麦芽
第32類	ビール、ミネラルウォーター、炭酸水及びアルコールを含有しないその他の飲料、果物飲料及び果汁シロップその他の飲料用調整品

第33類	アルコール飲料（ビールを除く）
第34類	たばこ、喫煙用品、マッチ
第35類	広告、事業管理、業務管理、事務管理 （例：広告制作業、広告代理業、広告販売、ショーウィンドーの装飾、経営の診断及び指導、市場調査、財務書類の作成、株式市況の告知、商品販売情報の提供、家政婦、看護婦のあっせんなどの職紹介、輸出入に関する事務代行、複写機器を用いてする書類の複製、磁気テープの整理、広告用具の貸与、複写機の貸与など）
第36類	保険、金融業務、財務、不動産業務 （例：銀行、信用金庫、金融業、クレジット、証券業、保険、宅地建物取引、貸ビル、貸家、貸別荘、ビル管理、マンション紹介、アパート紹介、不動産の鑑定評価、信用調査、税務書類の作成など）
第37類	ビル建設、修理及び備え付けサービス （例：建設建築業、塗装工事、電気工事、輸送機械の整備及び修理、洗濯、被服のプレス、窓の清掃、床磨き、有害動物の防除、ブルドーザーの貸与、ダストモップの貸与など）
第38類	電気通信 （例：データ通信、電話による通信、無線呼出し、ラジオ放送、テレビ放送、報道社へのニュースの供給、ファクシミリ装置の貸与など）

第39類	輸送、商品包装及び保管、旅行の手配（例：鉄道業、運送、宅配便、タクシー、バス、海運業、航空業、旅行契約の代理、媒介及び取次ぎ、主催旅行の実施、倉庫、携帯品の一時預かり、ガス、電気の供給、コンテナの貸与、貸自転車、レンタカー、駐車場など）
第40類	材料処理（例：漂白業、染色工業、その他布地の各種加工、毛皮の防虫加工、裁縫店、ししゅう、鍍金業、フィルムの現像、印刷、製本など）
第41類	教育、訓練の提供、娯楽、スポーツ及び文化事業（例：学校、各種学校、受験塾、通信教育、動物調教師、美術館、動物園、植物園、図書館、映画制作、映画館、劇場、演奏家、放送番組の制作、興業の企画及び運営、スポーツ施設、遊園地、プレイガイド、貸本、レンタルビデオ、レンタルレコード・ＣＤなど）
第42類	科学技術又は産業に関する調査研究及び設計、電子計算機又はソフトウェアの設計及び開発並びに法律事務
第43類	飲食物の提供及び宿泊施設の提供
第44類	医療、動物の治療、人又は動物に関する衛生及び美容並びに農業、園芸又は林業に係る役務
第45類	冠婚葬祭に係る役務その他の個人の需要に応じて提供する役務（他の類に属するものを除く）及び警備

8章

ネーミング制作のケーススタディ

商店ネーミング・ケーススタディ

ではここで、私が実際に手がけたネーミングのケーススタディをご紹介します。

六本木ヒルズを皮切りに展開する新フードマーケットのネーミングです。そのテーマは、NEW YORK型デリカマーケット。焼きたてパンや惣菜で24時間都市TOKYOの生活をリードする新しいタイプのフードマーケットでした。

六本木ヒルズという恵まれた立地。それだけに、高級感を持たせるだけでは、近辺のマーケットに埋もれてしまう恐れがあります。そこで、こだわりがあり、洗練されているが、価格はリーズナブルという、別次元の高質感で勝負することが得策であると考えました。

◎①ネーミングコンセプト策定

東京の都市生活の最先端ライフ。それを支える食生活の情報基地。そのコンセプトは、

FRESH&SMART

と規定しました。このメモ（左ページ）はクライアントとの会議中に私が取ったもの。ここからコンセプトとキーワードを抽出しました。

①コンセプト策定（著者自筆のメモ）

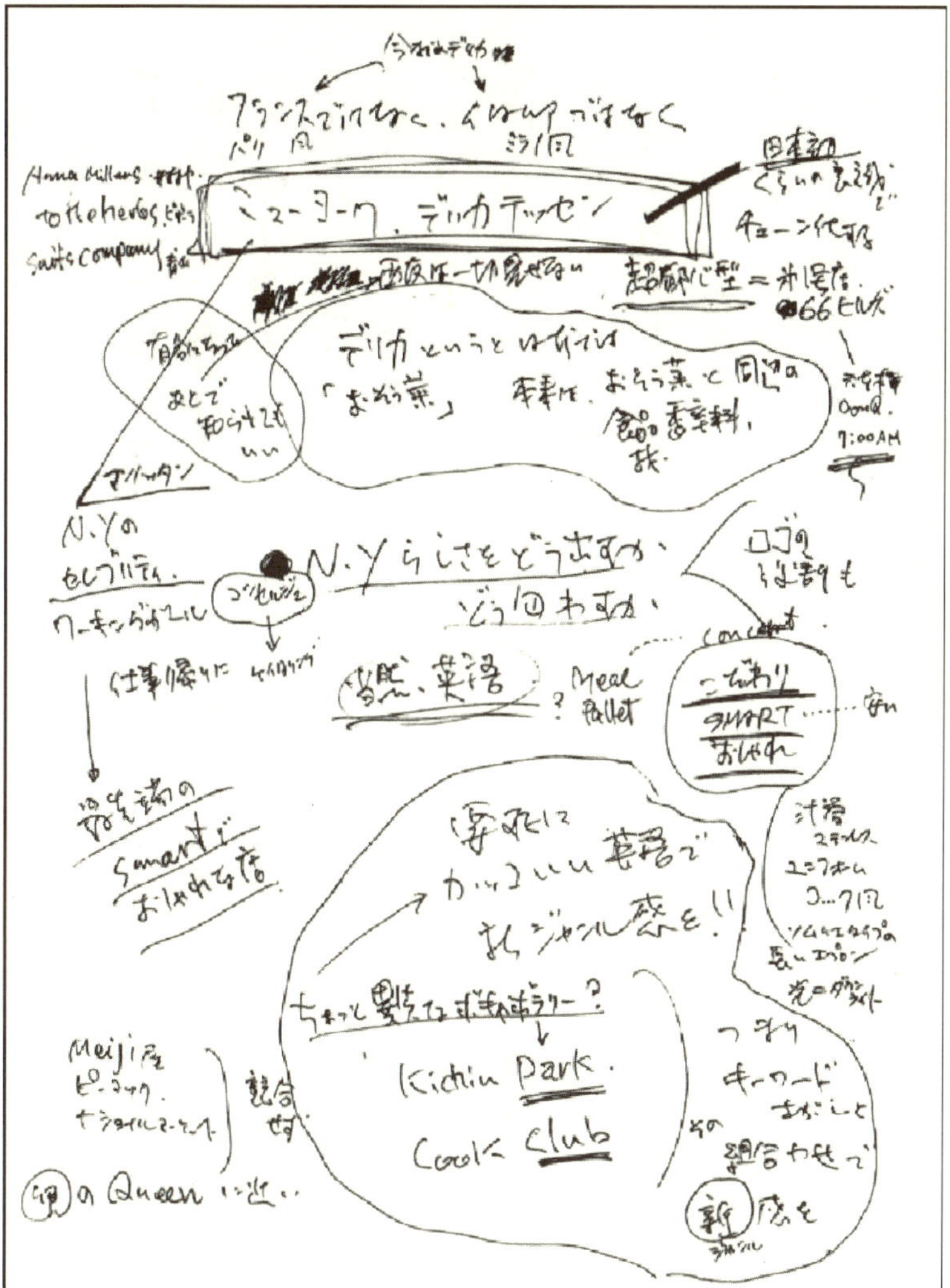

◎②アプローチの設定

「ＦＲＥＳＨ＆ＳＭＡＲＴ」というコンセプトをふまえつつ、ネーミング開発のための二つの方向を設定しました（下図）。

◎③ネーミング開発

語呂合わせ、造語、比喩など、さまざまなネーミング作法とレトリックを駆使して開発したネーミング案約50の中から、次ページの案に絞って、クライアントにプレゼンテーションしました。

結局、画期的な食品店であることをインパクトを持って訴えるために、これらの案の中で、店名としてはちょっと異質なネーミングに決定しました。

雑誌をめくるように食材が並んでいるイメージから生まれたＦＯＯＤ　ＭＡＧＡＺＩＮＥです。ＭＡＧＡＺＩＮＥには「雑誌」という意味の他に「貯蔵庫」という意味、「百貨店」の意味もあるので、まさにＦＲＥＳＨ＆ＳＭＡＲＴのコンセ

②アプローチの設定

FRESH & SMART

↓

FOODに関連した言葉 ＋ 集まりを表現した言葉

の異質な組み合わせで
新カテゴリーの誕生を表現

プトにぴったりでした。

ロゴ制作段階で、もうひとつ味つけを施しました。よくよく見るとDが横向きの口に見えるでしょう。こうして誕生したのが「FOOD MAGAZINE」でした。

◎④商標調査

さて、フードマーケットの店名の商標調査は、実は大変なのです。なぜならフードマーケットと

③ネーミング開発

KITCHEN CLUB
KITCHEN PARTY
FOOD LIBRARY
FOODESIGN
WHO'S FOODS
COOK FOOD
COOK CLUB
FOOD JOURNAL
FOOD MAGAZINE

FOOD MAGAZINE店舗外観

いう調査コードがないため。店で扱う全商品のコードをチェックしなければなりません。こんなときは、類でチェックする。具体的には、

第29類（食肉、魚、家きん及び猟の対象となる鳥獣、肉エキス、保存処理、乾燥処理及び調理した果実及び野菜、ゼリー、ジャム、フルーツソース、卵、ミルク及び乳製品、食用油脂）

第30類（コーヒー、茶、ココア、砂糖、米、タピオカ、代用コーヒー、穀粉及び穀物調製品、パン、菓子、氷菓、はちみつ、糖みつ、酵母、ベーキングパウダー、塩、マスタード、酢、ソース、香辛料、氷）

といった具合です。百貨店の場合でも同じことが言えます。こうしたチェックをくぐりぬけ、商標登録し、誕生しました。

商品ネーミング・ケーススタディ

ペット食品の大手「いなば食品」が、犬猫用サプリメントを開発しました。なんと、いつものペットの食事に混ぜるだけで、腸を整え、フンがころころと固まり、あのいやなニオイが消えるという、驚きの製品です。

家族の一員として、日頃からペットの健康を気遣い、かわいがっている愛犬家、愛猫家。しかし、どんなに可愛くてもニオイまでは愛せない。そんな悩みを抱える愛犬愛猫家をターゲットに生まれた製品です。主成分は天然動物性食物繊維のキトサンで、副作用などの心配もなく、安心して与えることができます。

◎①ネーミングコンセプト

最大の特徴である

フンが固まる
ニオイが消える
整腸作用

をコンセプトと設定しました。それをいかにわかりやすく訴求するか。それがポイントです。それだけで消費者が愛するペットに与えたいと思うでしょうか。同じく犬を飼う立場として、それはないと考えました。なぜなら愛するペットの「健康」を第一に考えるからです。しかしあまり「健康」だけを訴求するとぼやけてしまう。そこが工夫のしどころだと考えました。

◎②アプローチの設定

ネーミングコンセプトを元に次のようなアプローチを設定しました。

②アプローチの設定

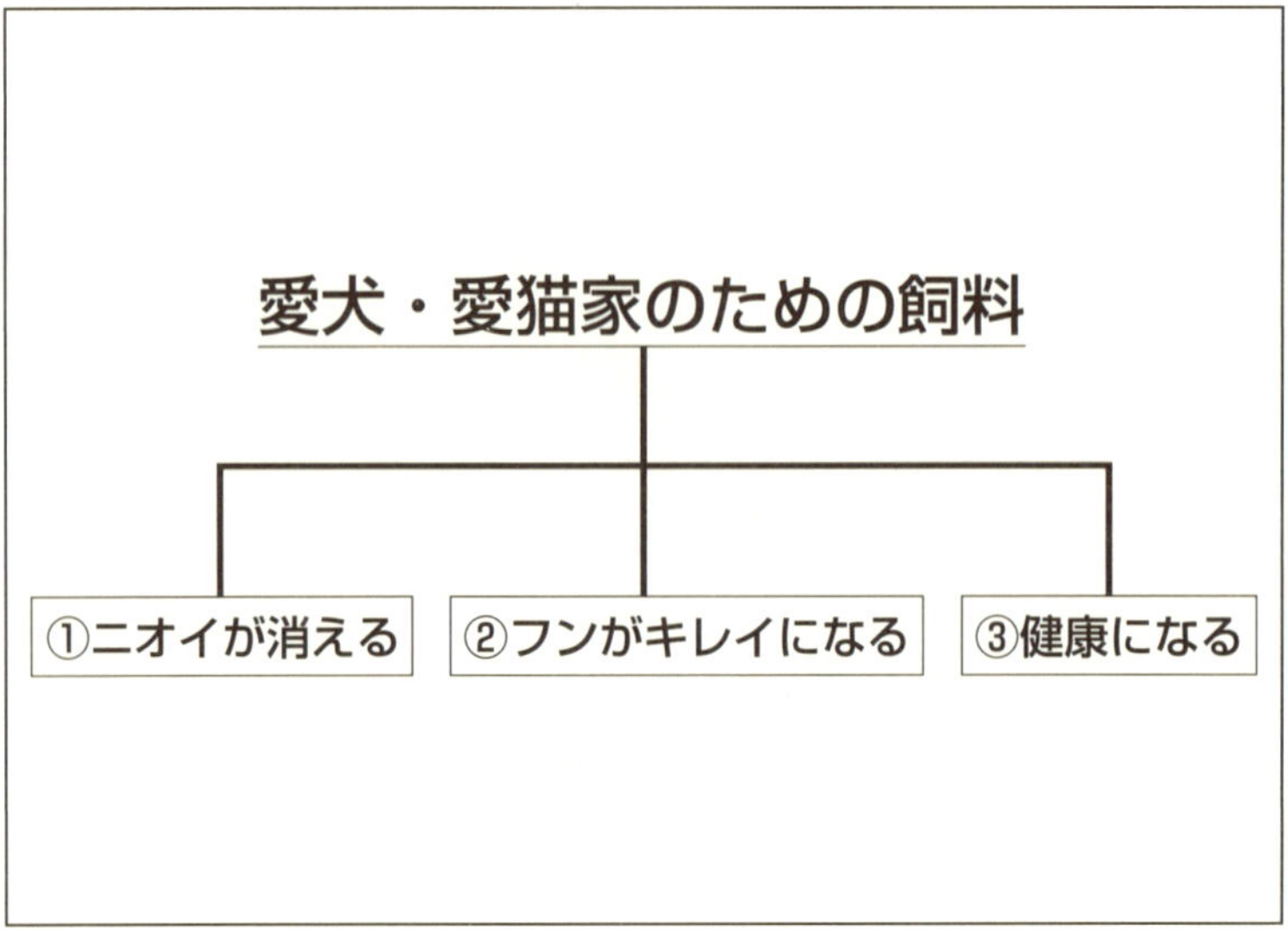
愛犬・愛猫家のための飼料
①ニオイが消える
②フンがキレイになる
③健康になる

◎③ネーミング開発

アプローチごとに開発したのが次のようなネーミングです。

1.ニオイが消える

コロッケス（フンはコロッと、ニオイは消す）
ケスコロット（ニオイを消す、コロッと出す）
ポロンケス（ポロンと出して、ニオイは消す）

2.フンがキレイになる

コロントロール（コロンとしたフンにコントロール）
フンダフン（フンとワンダフルを掛け合わせた造語）
ビューティフン（ビューティフルなフン）
ワンダフン（ワンダフルなフン）

3.健康になる

ゲンコロリ（元気で、コロッとしたフン）
ゲンキフン（元気な証拠のフンが出る）

どの案も機能性を表現していて、わかりやすく、親しみやすく強いネーミングとなっている。

さて、ところで今回の製品は愛犬用、愛猫用と分けて売り出したいという作戦があったのでした。その計画に答えて、

猫用が

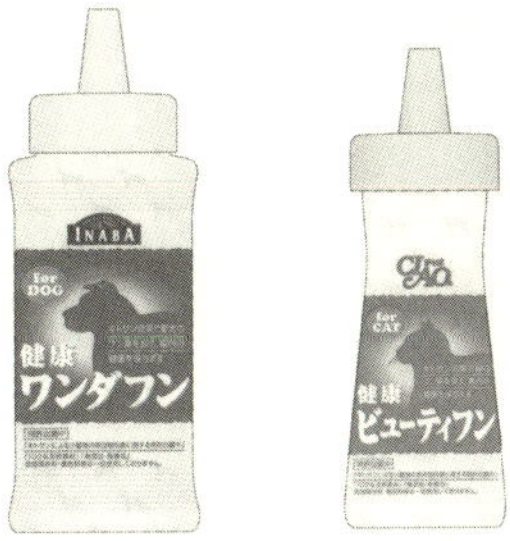

ビューティフン

犬用が

ワンダフン

ということに決定したのでした。

◎④商標調査

前述したとおり、同じカテゴリーに、同じ名称あるいは類似しているようなネーミングは、商標登録できません。それがどんなに優れたネーミングだとしても。そうならないようにネーミング案を開発するのと同時にインターネット簡易商標調査をするのが好ましいでしょう。

今回の製品はペット用飼料なので、

「01B01：動物用薬剤」
「33C01：動物飼料用添加物」

の二つのコードでインターネット調査をして、パスし、商標登録申請をしました。

次のシートは、クライアントへのプレゼンテーションの実際です。参考までに。

ネーミングに至るフリップ説明

いなば食品・ペット食品用糞凝固剤
ネーミングのご提案

2001/11/1
THE DESIGN ASSOCIATES
ROX COMPANY

この商品は、主成分**キトサンオリゴ糖**の働きで

- フンが固まる
- フンのニオイが消える
- 健康によい（整腸作用）（ダイエット効果）

という特長があります。

ところで、
「フンが固まる」というだけで、
お客さんはこの商品を買うでしょうか？
自分の愛するペットに与えるでしょうか？

親として、「私は買わない」と私は思います。

そんなに急に固くして大丈夫だろうか？
だって、うちの子、便秘の経験もあるし。
そうまでしなくても、
えさや水に気をつけてるし。
わざわざ買わなくたって。

つまり、やはり、
「臭わない」「快腸」「健康（ダイエット）」
を匂わさないと、
買ってもらえないのではないか。
と、犬の親として確信するのでした。

当該チェックポイント

◎機能性が表現されているか
◎「タベキエール」と並んで釣り合うか

＋

一般チェックポイント

●覚えやすいか
●読みやすいか
●親しみやすいか

サブコピーは、その商品の内容をよりわかりやすく伝えるためのものです。
この商品が持つ、様々な特長を表現するため、
ネーミングのご提案とともに、サブコピーも併せてご提案いたします。
（分かりやすくするため、例としてネーミングに添えています。）

サブコピー案

・腸も、ニオイも、フンもキレイ!!
・腸はススッと、ニオイはサラッと、フンはコロッと。
・快腸臭わん。ウンころりん。

今回、ご提案するネーミングは

01B01（動物用薬剤）
33C01（動物飼料用添加物）

のインターネット調査をしました。

※インターネット調査によって類似と判断されたネーミングは、
その程度によって15段階で評価されます。
01（同一音）から数字が小さいほど類似度が高いと判断されていることになり、
08以上は別のものとして考えることができる程度まで下がると思われます。

（ただし登録する場合は、弁理士による調査が必要です）

※数字以下は類似の登録商標を記しました

腸も、ニオイも、フンもキレイ!!
ワンダフン
ワンダフル×フン
07「ワンダウン」を北興化学工業（株）が、
08「ワン太くん」を武田薬品工業（株）が登録

腸も、ニオイも、フンもキレイ!!
コロッケス
フンはコロッと、ニオイは消す
04「コロッケ村」を
（株）ダイエーが出願中

腸も、ニオイも、フンもキレイ!!
ゲンコロリ
腸元気でカラダ元気で。
フンはコロリとしています。

腸も、ニオイも、フンもキレイ!!
ビューティフン
体の中からキレイにします

腸も、ニオイも、フンもキレイ!!
カイウン
健康なウンチは健康なカラダから
07「ホームヘルスアン・ドゥ・トロワ」
を久光製薬（株）が登録

腸も、ニオイも、フンもキレイ!!
ポロンケス
ぽろっと出して、ニオイを消す

腸も、ニオイも、フンもキレイ!!
カイウン
快ウンチ
01「開運竹」を幡野金明氏が出願中

腸も、ニオイも、フンもキレイ!!
コロントロール
コロンとしたフンに
コントロール

腸も、ニオイも、フンもキレイ!!
ケスコロット
臭いを消す、フンをコロッと出す

腸も、ニオイも、フンもキレイ!!
フンダフル
フン×ワンダフル

商品ネーミング ケーススタディ
～公募ネーミング

このケーススタディは、月刊「公募ガイド」連載のネーミング実戦コラム「ナマエッグ」から抜粋したもの。私が前月に課題を出し、応募作品の中から選んだ優秀作を発表しています。

公募ネーミング①

「下駄」

浴衣のときくらいしか見かけなくなりましたが。素足で履く快感。木と鼻緒の感触も懐かしいですね。なんだかエコロジーな気分だし、もう一度蘇るようなネーミングをつけて新発売してみませんか。

★最優秀賞

・ココロン

★優秀賞

・KAPPO
・樹っ子

・おやゆびしめ
・ムレーズ
・つちふまず

さて、テーマは「下駄」。いゃあ、楽しいネーミングが集まった集まった！　しかし似たような案が、けっこう多かったですよ。

まず、「ゲタ」という音のバリエーション。たとえば、「ゲタップ」とか「タマゲタ」とか。キタロー系も多かった。ほら、ゲゲゲのキタローって、下駄履いてるでしょう。それから、和ミュール系も多かったなあ。似たのが多いのは、よほどよくないとね。というわけで〝ユニークという物差し〟で優秀賞を選びました。

ナマエッグ第1回の栄えある最優秀賞は「ココロン」。カランコロン系とでも言うか、擬音ネーミング案がいくつかあった中で、これは「心」が隠してあるところがミソ。下駄の持ってる優しさが感じられることで、群を抜きました。

「KAPPO」は「闊歩」でも「カッポ」でもなく、英字の案を採りました。ジャパネスクな感じがおしゃれに表現できている。「樹っ子」は素材の表現と女性の名前にしたところがアイデアでした。「おやゆびしめ」「つちふまず」は裸足の感触がうれしい。

「素足美人」は素直な擬人化で優雅なネーミング。「ムレーズ」は機能表現としてのわかりやすさで、入選しました。

公募ネーミング②

「非常口の男」

映画館やレストランで、うす暗がりの中で緑色に光っているおなじみのあの男。名無しの権兵衛じゃかわいそう。ネーミングしてあげませんか。

★最優秀賞

・安心多助

★優秀賞

・一瞬多助
・一急さん
・命ランナー
・イチモクさん
・ダット君

お題は「非常口の男」。映画館やホールで、暗くなった開演後も消えないであのポーズをとりつづける男。いや、駅にもいる。会社にもいる。いたるところにいる、あの、謎の男に名前をつけよう、です。彼は若いのか、おじさんなのか。そもそもはたして、男なのか。謎は謎を呼んで、名ネーミングがどっと集まりました。

まず圧倒的に多かったのは、逃げる系。「にげ郎」「ニゲル君」「ニゲロー」などなど。「イチモクさん」とか「スタコラさん」などというのも、同系でしょうか。グリーン系もいっぱい来ました。「ミドリくん」「グリーンちゃん」などなど。「コッチ」とか「コッチダー」といった方向指示誘導系（?）もけっこう数が多かったなあ。やっぱり今回も、個性的でユニーク、類が少ない、という基準で選ぶことにしました。

という次第で、グランプリは「安心多助」！

意表をついたクラシックな和名のもじり、というところが、面白い。強烈でした。いうまでもなく一心太助の語呂合わせ。安心、多勢、助ける、といったキーワードがうまく、散りばめられている。

「一瞬多助」もほとんど遜色のない案なのですが、「一心」に対する語呂合わせが「一瞬」より「安心」の方が安心かな、と。グランプリは「安心」の方にしました。悪しからず。

「一急さん」は緊急性、「命ランナー」は命の大切さをうまく訴えている。「イチモクさん」の「モク」に煙を感じたのは深読みかな? 「ダット君」は「脱兎マン」「だっとさん」など似たのが多くあったけれど、代表としてこれを採りました。

公募ネーミング③
「ふんどし」

近頃はお祭りくらいでしか見ませんが、日本古来の男児の下着です。かっこいいネーミングをつけて、もう一度ヤングの下着として蘇らせませんか？

★最優秀賞
・FUN℃

★優秀賞
・男のピラリズム
・フリー布
・Men100％
・男T''（ダンディ）
・Tmen

とにかく形状を表現したものが、やたら多かった。やっぱり形がもの珍しかったのでしょうか。「T」のついたネーミング案がどっさり寄せられました。

一番多かったのが「Tパン」。こうなるとT系でいくつか選ばないわけにはいかない。というわけで、「男T''」

と「Ｔｍｅｎ」をまず入選にした次第です。「男T"」の濁音「"」はケイタイの「H"」をエッジと読ませたあの手法ですね。

「Ｍｅｎ １００％」はもちろん綿との掛け言葉。綿も男も１００％というところがミソです。なんだかコピーみたいなネーミングでした。

「フリー布」も素材の訴求ですが、これはフリーサイズということを訴えていながら、ブリーフに掛けて下着であることもちゃんと伝えている。

ここでは逆に、濁点をとったところが涼しそうでよろしい。

一転して「男のピラリズム」はセクシー路線。チラリズムのパロディでしょう。ピラリと見えるわけではないけれど、ふんどしがひらひらしている感じをよくつかんでいる。ただし「男の」は不要かも。

で、今月の最優秀賞は、意表をついたレトリックで、語呂合わせをやってくれた「ＦＵＮ℃」に決定。ふんどしの出自を伝えつつ、楽しさを表現しました。お見事!

蛇足ですが、あと多かったのは「ＪＡＰＡＮＴＳ（ジャパンツ）」。これは、昔私がつくったネーミングと同じで、著書の中でも触れているので、応募が多かったこともあって、割愛させてもらいました。悪しからず。

公募ネーミング④

「学童横断中」

手をつないで横断歩道を渡る、いつも見慣れた男の子と女の子。このカップルに名前をつけてください。この標識のそばには、たいてい「学童横断中」の立て看板。その言葉の、いわばシンボルマークなんですね。さあ、なんと名づけましょう。

★最優秀賞

・ワタルとアユミ

★優秀賞

・サッサとワタル
・アン&しんや
・安ちゃん・全くん
・アルキッズ

反省します。出題が単純すぎたのか、それともイラストの2人の名前という出題の仕方のせいか、とにかく似たネーミングが多かった。中でも「ワタルとアユミ」のさまざまな書き違えがずらりと並びました。「渡と歩」「渡くんと歩ちゃん」「わたるとあゆみ」……。「歩ちゃんと守くん」というような一方の語がちょっと違うものを加えると、数え切れないほど同アイデアがありました。

しかし類似が多かったとは言え、いいものはいい。これを特選にすることにしたのですが、さて、1点に絞らなければなりません。抽選という手もあったのですが、やはりネーミングらしく表記の違いで選ぶことにしました。漢字でもなく、ちゃんづけでもなく、ここはカタカナの「ワタルとアユミ」を選びました。理由は、いろんな文字が想像できることで普遍性が高い。ちゃんづけよりストレートで、逆に肉親のような親近感がある。

という次第です。同音同字の方々、お許しください。

「サッサとワタル」は片方が違うだけなのですが、全体で「サッサと渡る」という文章体になっているところがニクイ。同じく文章体のアイデアとして「アン&しんや」。「安心や」と関西弁ですね。

安全というテーマを安と全に二分して「安ちゃん全くん」も、なかなかのアイデアでした。

2人を一まとめにした呼び方でストレートな表現ながら、「アルキッズ」も愛情を持って親しめる呼びやすい呼称です。これもいろんな表記の案がありましたが、カタカナを賞にしました。

公募ネーミング⑤

「扇子」

見事な竹細工で、畳めば一本の棒になり、開けば美しい弧を描く。なんとも便利な日本古来のケイタイ手動扇風機。美しい絵が描かれているところもエレガント。夏の風物詩ですね。そんな優雅な扇子に、外国人にも受けるようなネーミングをつけて売り出したいのですが……。

★最優秀賞

・パラフル

★優秀賞

・ヒヤセンス
・涼様
・ファンタス手ィック
・テンプーキ
・マイクロソフトウインドウゾ

毎回そうなのですが、同じアイデアのものは極力、当選にしないようにしています。もちろんすごくいいのがあれば、やぶさかではないのですが、類似があったのでは、ネーミングの最小限の条件をはたしていない、と思っています。似ているのだけれど、圧倒的にこちらの方がいい、というものは、選んでいます。

扇子で言えば、多かったのが「孔雀系」「扇千景系」「ケイタイ系」。そのあたりをキーワードにしてつくったネーミングが、いゃあ、多かったです。「センスがいい系」とでも言うべき「SENSE」と「扇子」の掛け言葉も多かったのですが、その中で群を抜いていた「ヒヤセンス」を優秀賞の一番に採りました。きれいでなんだか涼しそうでしょう。

「涼様」は類案がなかったことと、やはりタイムリーなアイデアということで、ほら、ヨン様とかベッカム様とか。その手法が新鮮でした。

「ファンタス手ィック」はよくできた語呂合わせですね。FAN（扇）と手が和洋混合で入っていて、扇子の機能とフィーリング表現が素晴らしい。これも類句がなかった。「テンプーキ」はいうまでもなく扇風機のシャレ。セをテ（手）に変えただけで、こんなにおもしろくなりました。

「マイクロソフトウインドウゾ」は、入選にしようかどうしようか、ずいぶん迷ったのですが（長いしね）、読めば読むほど笑ってしまうほどおかしいので入れました。

で、グランプリは「パラフル」。

パラソルのような形、優雅に手で振る様、オノマトペ（擬態語）のような響き……を表わして見事！　実際に商品化できそうなネーミングです。

公募ネーミング⑥

「できちゃった結婚」

ほら、なんだか長ったらしいでしょう？　なんとか短かい言葉にしてほしい。最近の結婚に増えましたよ。タレントなんかでも今ではすっかりフツウのことになってきたんだし、この際しゃれたネーミングをプレゼントしませんか。

★最優秀賞

・ママリッジ

★優秀賞

・エンジェリッジ
・キューピー婚
・こうのとり婚
・産めディング
・マタイダル

知ってますか、今3組に1組はできちゃった婚ですって。つまり、花嫁の3人に1人のおなかに赤ちゃんがいる。年齢が低くなるとその率はさらに上がるそうです。こうなると、それは異常はケースではなく、いまや堂々とした結婚の形。結婚式の席で陰口するなんてことなくなるでしょう。

そうなると「できちゃった婚」なんていう、陰口っぽい言い方ではなく、堂々としたネーミングがほしくなる。ブライダル市場では実際、呼び方をほしがっているようです。

と言うわけで募集してみました。多かったのはまず、エンジェル系。キューピッドも天使ですね。赤ちゃんは天使が運んでくる。このジャンルの応募が多かったです。マリア様系のもけっこうありました。天使のお告げで処女懐胎のエピソードからでしょう。素敵なんだけど、現代の花嫁さんの場合バージンというわけにもいくまい。だから残念、落ちました。

代表格として「エンジェリッジ」。エンジェルとマリッジとの結婚（！）ですね。それと、素直な表現の「キューピー婚」を選びました。

次に多かったのが、こうのとり系。これは、そのままの方がわかりやすい。だから「こうのとり婚」。

ウエディングとの語呂合わせで「産めディング」もめでたいなあ。

「マタイダル」マタニティとブライダルの掛け合わせで、おしゃれです。

グランプリは「ママリッジ」。なんとシンプルでおしゃれで、そして愛情がこもった呼び名なんでしょう。

さて、披露宴のテーブルに耳をかたむけてみると……「ふたりはママリッジなんだって」ほら、いい感じでしょ。

公募ネーミング⑦

「足袋」

和の足元の正装、足袋。しかし、この字を見ていると身もふたもない。その機能とデザインをうまく表現したネーミングを、ぜひ！

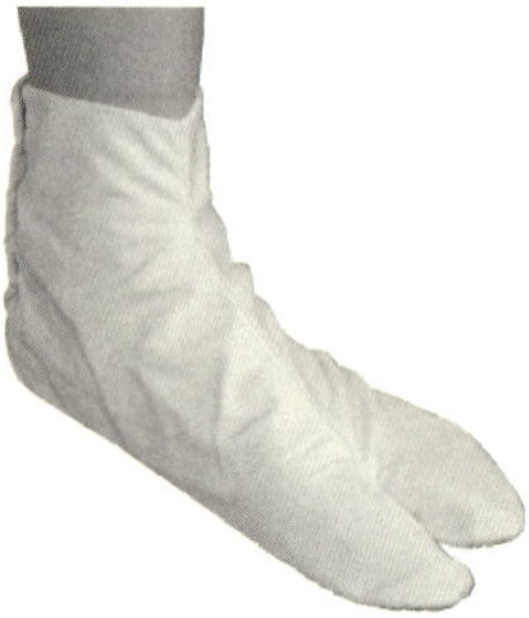

★最優秀賞

・あしとやか

★優秀賞

・楚楚っくす
・あしたびじん
・ワフックス
・和ックス
・チョックス

足袋はイメージが具体的だったのでしょう。みなさん楽しんでつくってくれましたね。

まず「二股」をテーマにしたものが多かった。「ラビットー」とか「ラビフット」とか、形状を兎の耳に喩えたものはかわいかったなあ。「チョキ」とか「ちょっきん」なんていうのも楽しかったけれど、同案が多かったです。そんな中では「チョックス」が、チョキ×ソックス、二つの意味を掛けていておもしろかった。群を抜いていたので、まず入選にしました。

次は「和ックス」。これも実は類案が多かったのだけれど、素直な形のこの案にしました。和×ソックスですね。「ワフックス」は和服×ソックス。和ックスよりも意味が広くて、ややわかりやすい。

「あしたびじん」秋田美人に掛けているところが、ニクイ。足、足袋という言葉もちゃんと入っていて、しかも「明日」という音がいい感じです。

さて、「楚楚っくす」と「あしとやか」が最後まで争って、私を悩ませました。「楚楚っくす」はソックスに「ソ」をひとつ加えただけで、美しい佇まいになった。機能をちゃんと言いながら足袋の優雅な世界を表現しています。和と洋の見事な合体ですね。

一方「あしとやか」は「おしとやか」の「お」を「あ」に替えるだけで、足のウェアであることを伝えつつ、エレガンスを描いています。

困った。どっちもいい。あとは私めの好みでエエイ！　と決めてしまいました。そのシンプルな姿勢に打たれて、「あしとやか」を最優秀賞に決定！

岩永　嘉弘（いわなが　よしひろ）
早稲田大学第一政治経済学部新聞学科卒業。光文社・雑誌記者、明治製菓宣伝部を経て、1970年ロックスカンパニー（岩永事務所）を設立。東京コピーライターズクラブ（TCC）会員。コピー・ライティングだけにとどまらず、パッケージ、CI（コーポレート・アイデンティティー）の分野で実績をあげて注目されているが、ネーミングの世界では第一人者として評価が高い。
主なネーミング作品に「新宿MY CITY」、「日立からまん棒」、「生活情報誌SAITA」、「ASTEL」、「マルイFIELD」、「MARK CITY」、「スポーツ誌VS.」「男性誌BRIO」、「bunkamura オーチャードホール・コクーンシアター」、「キリン一煎」、「東武SPACIA」、「JR ioカード」、「光が丘IMA」
主な著書に『売れるネーミング・買わせるネーミング』（同文舘出版）、『極めことば』（KKベストセラーズ）、『一行力』（草思社）、『すべてはネーミング』（光文社新書）などがある。
ホームページURL　http://iwarox.com

「売れるネーミング」の成功法則

平成18年４月12日　初版発行

著　者　岩　永　嘉　弘
発行者　中　島　治　久

発行所　同文舘出版株式会社
東京都千代田区神田神保町1-41　〒101-0051
電話（03）3294-1801　振替00100-8-42935

ISBN4-495-57091-9

印刷／製本：東洋経済印刷
Printed in Japan 2006